AF389827

REGLES
POUR
CONNOITRE LA VALEUR
DES
VIEILLES ESPECES
DE MONNOIE

QUI ONT EU COURS DANS LA PROVINCE DE ROUSSILLON.

Avec l'Arrêt du Conseil Royal de la Principauté de Catalogne, & des Comtés de Roussillon & de Cerdagne, séant à Perpignan.

Du premier Juillet mil six cens cinquante-cinq.

Qui ordonne la réduction de la Monnoie de *Billon*, en conséquence de l'Édit du 15 Septembre 1654, portant abolition de cette espèce de Monnoie.

Par Me. JOSEPH BOSCH, Notaire Royal, Greffier en chef de la Chambre du Domaine du Roi en Roussillon, Secretaire-Greffier de l'Hôtel-de-Ville de Perpignan. 1751.

❧❧❧

A PERPIGNAN,

De l'Imprimerie de JOSEPH-FRANÇOIS REYNIER, Imprimeur du Roi.

M. DCCLXXI.

REGLES

POUR

CONNOITRE LA VALEUR

DES

VIEILLES ESPECES

DE MONNOIE

Qui ont eu cours dans la Province de Roussillon.

VANT que de parler des espèces de Monnoie qui ont eu cours en Roussillon, il est à propos de parler des différens poids qui y ont été connus, parce que plusieurs de ces Monnoies se trouvent stipulées dans les Contrats & vieilles Chartres, par différentes parties aliquotes du marc ou de la livre, & que même l'or & l'argent matière s'y trouve stipulée au poids.

A ij

Tous les poids, depuis le plus gros juf-qu'au plus petit, derivent du poids de cent, anciennement appellé en cette Province *cen-tipondi*, du mot latin *centumpondium*, qu'on appelle communément quintal. Ce poids tout comme le marc, qui en fait une partie, n'eft pas par tout le même; il eft ou plus fort ou plus foible en différens Pays; mais comme il n'eft pas queftion de faire ici un traité des poids en général, il n'y fera par-lé que de ceux qui ont été connus en Cata-logne, & fur tout à Barcelonne qui en eft la Ville principale; d'autant que fes poids ont été rendus communs à cette Province de Rouffillon, en vertu de la Conftitution pre-miere du Livre 4. Titre 23, du volume des Conftitutions de Catalogne, page 325.

L'on ne connoit à préfent d'autres poids que le marc pour le pefage des Monnoies, & des matières d'or & d'argent & autres chofes précieufes.

Le marc eft divifé en . . . . 8 onces.
L'once . . . . en . . . . 8 gros.
Le gros . . . . en . . . . 3 deniers.
Le denier . . . . en . . . . 24 grains.

Le grain eft le poids d'un grain de Bled nourri; il en faut 24 pour le poids d'un denier; 72 pour celui d'un gros; 576 pour le poids d'une once, & 4608 pour celui d'un marc.

Le gros n'étoit point connu anciennement en Rouſſillon; mais on y a connu un poids appellé *Morabatin*, & autre poids appellé *Argens*.

Le *Morabatin* eſt un poids de 72 grains, ce qui répond préciſement au gros, & l'argens qui répond au demi gros, peſe 36 grains.

On a encore connu anciennement d'autres poids pour le peſage de l'or; ſavoir, la livre, l'once, le *Sou*, le *Morabatin*, l'*Argens*, le *Mancus*.

La livre étoit diviſée en 12 onces, ou 21 *ſou*, ou 84 *morabatins*, ou 168 *argens*, ou en 378 *mancus*; l'once étoit la 12ᵉ partie de la livre, & étoit diviſée en 7 *morabatins* ou 14 *argens*, ou 31 *mancus* & demi; le *ſou* étoit la 21ᵉ partie de la livre, & étoit diviſé en 4 *morabatins* ou 8 *argens*, ou 18 *mancus*; le *morabatin* étoit la 84ᵉ partie de la livre, & étoit diviſée en deux *argens* ou 4 *mancus* & demi; *l'argens* étoit la 168ᵉ partie de la livre, & valoit deux *mancus* un quart, & le *mancus* étoit la 378ᵉ partie de la livre; il en falloit 4 $\frac{1}{2}$ pour faire le poids d'un *morabatin*.

Ces poids pour l'or font rapportés dans l'ufage *folidus aureus*, compilé dans le volume des Conftitutions de Catalogne, Livre 10. Titre 2. page 531. Ce n'eft que fon texte qui eft ici tranfcrit, & s'il paroit y avoir quelque chofe d'ajouté, ce n'eft que la reduction de la livre en parties aliquotes d'once, *fou, morabatin, argens, mancus.*

Il n'eft nullement parlé dans cet ufage *folidus aureus,* du poids *grain ;* cependant comme il y eft parlé du poids *argens,* qui répond au demi gros, on trouvera aifement, en fupputant du plus au moins, de combien de grains fe touvent compofés tous les poids énoncés dans cet ufage : cette operation a été ici faite, & il en refulte que.

Le *mancus* . . . . . . pefe . . . . . 16 grains.
L'*argens* . . . . 36.
Le *morabatin* . . . . 72.
Le *fou* . . . . 288.
L'once de 12 à la livre . . . . . . 504.
La livre . . . . 6048.

Suivant ce calcul, on trouve que l'once de 12 à la livre, eft moindre de 72 grains que l'once de 8 au marc. On trouvera le calcul jufte fi on le confronte avec la difpofition de l'ufage *folidus aureus,* puifqu'il y eft dit que l'once de 12 à la livre vaut

7 *morabatins* , qui répondent à 7 gros , tandifque l'once de 8 au marc eft compofée de 8 gros.

Il y a encore un autre poids connu en cette Province ; c'eft la livre medicinale , parce que fans doute elle fert à l'ufage des Apoticaires. Cette livre eft divifée en 16 onces ; l'once en 8 dragmes ; la dragme en 3 fcrupules, & le fcrupule en 20 grains ; enforte qu'en remontant depuis le grain jufqu'à la livre, on trouvera ici de combien de grains ces poids font compofés.

Le fcrupule vaut . . . . 20 grains.
La dragme . . . . 60.
L'once . . . . 480.
La livre . . . . 7680.

On doit obferver que les mots *denier* , *fou* , *morabatin* , *mancus* , ont une double fignification ; tantôt ils fignifient poids , ainfi qu'il a été dit ci - deffus, & tantôt différentes efpèces de Monnoie, comme on le verra ci - après.

On obfervera encore que les mêmes mots *fou* , *denier* , ont une 3 e fignification, en ce qu'ils repréfentent & indiquent la Loi ou le Titre de la matiere d'or & d'argent.

On a déja dit, ci - deffus, qu'il fe trouve de Contrats dans lefquels les matieres d'or

& d'argent ont été ſtipulées au poids de la livre, marc, once, &c. Ces matieres ont ſouffert leurs altérations & diminutions, tout comme les eſpèces de Monnoie, & ces différens changemens avoient ci-devant fait naitre des difficultés par rapport à l'exécution des Contrats, dans leſquels ces matieres avoient été ſtipulées & déduites en obligation; & ainſi on eſt bien aiſe de rapporter ici un Titre Royal qui a mis fin à ces difficultés; c'eſt la Déclaration du Roi Sanche de Maillorque, du 6 des Nones de Mars 1320, enregîtrée à *fol.* 72. du Livre des Ordinations, N°. 1 er. des Archives de la Maiſon de Ville. Cette Déclaration diſpoſe, qu'il faut s'en tenir purement & ſimplement aux termes de la ſtipulation du Contrat; c'eſt-à-dire, par exemple, 100 onces d'or ou d'argent ont été déduites ou ſtipulées dans un Contrat de prêt, pareille quantité de 100 onces d'or ou d'argent doivent être rendues ſans entrer en diſcuſſion, ſi la matiere d'or ou d'argent, lors du Contrat de prêt, ou lors du payement, étoit de plus grande ou moindre valeur.

Il n'en fut pas de même des eſpèces de Monnoie, qui dans leurs cours étoient de grande valeur, & qui ſucceſſivement furent

miſes

mifes au Billon. Sur ces changemens fe font préfentées différentes conteftations ; les uns prétendant qu'il faloit s'en tenir fimplement aux termes de la ftipulation ; les autres qu'on devoit être reçu à faire les payemens purement & fimplement en nouvelles efpèces au cours, & les autres qu'il devoit être fait une opération arithmétique, en reduifant la valeur extrinfèque de l'efpèce de Monnoie du cours au jour du payement, à la valeur intrinfèque de la Monnoie du cours au temps de la ftipulation. Quoiqu'il ne foit point ici queftion de refoudre ces difficultés, néanmoins on eft bien aife d'y rapporter deux décifions ; la première eft une Déclaration du Roi Jacques d'Aragon, du premier Février 1258, enregitrée au Livre des Monnoies, gardé aux Archives de la Maifon de Ville, cotté N°. 4. *fol.* 4. Par cette Déclaration le Roi après avoir ordonné une fabrication d'efpèces, ftatua que les obligations contractées auparavant, & dont le payement viendroit à terme après la fabrication des nouvelles efpèces, feroient acquittées en nouvelles efpèces au cours, eu égard à la valeur qu'avoit la Monnoie au temps du Contrat ; mais qu'à l'égard des autres obligations,

B

dont le payement n'avoit point un terme prefix, l'acquit en feroit fait purement & fimplement en nouvelles efpèces au cours, fur le pied de leur valeur actuelle. La 2.ᵉ eft l'Arrêt du Confeil Royal, tenu à Perpignan le premier Juillet 1655 ; il fut ordonné par cet Arrêt, qui fut rendu après le decri de la Monnoie de Billon, qu'il feroit toujours eu égard à la valeur des Monnoies qui étoient au cours au temps du Contrat, quoique l'acquit en pût être fait en toute efpèce de Monnoie au cours du jour du payement ; c'eft-à-dire, qu'il faut en venir à une operation arithmétique, en réduifant la valeur extrinfeque de l'efpèce de Monnoie déduite en Contrat, à la valeur intrinfeque de l'efpèce au jour du payement.

Comme cet Arrêt regarde principalement la Monnoie de Billon, qui ceffa d'avoir cours en cette Province en l'année 1655, la réduction de laquelle Monnoie fe préfente affès frequemment devoir être faite, l'Auteur de ce Recueil a cru devoir rappeller les idées de cette Monnoie, & donner la forme de la réduction, afin de la conferver à ceux qui la favent, & de l'apprendre à ceux qui l'ignorent ; mais comme cette Monnoie eft la dernierę du coin & fabrication de Perpignan, on fe referve d'en parler au long dans le dernier Chapitre de ce Recueil, pour donner lieu de parler des autres efpèces de Monnoie qui ont précédé celle de Billon, énoncée dans ledit Arrêt du premier Juillet 1655.

CHAPITRE PREMIER·

Monnoie Barcelonnoife de quern *ou* quaterne.

LA plus ancienne des Monnoies qu'on découvre avoir eu cours en Rouffillon, au moins qui ayent été autorifées par les Souverains, eft la Monnoie Barcelonnoife de *quern* ou *quaterne*, en latin de *quaterno*. Elle étoit au cours en l'année 1196, & on trouve qu'elle ceffa de l'être en l'année 1221, en vertu de l'Édit du Roi Jacques d'Aragon, du 6 des Cal. de Janvier audit an 1221, qui eft enregîtré audit Livre de Monnoies, *fol. 2.* La valeur de cette Monnoie étoit forte, puifque le fol ou *fou* faifoit la 44ᵉ· partie du marc pefant d'argent : c'eft ainfi que s'explique l'Édit du 6 des Cal. de Janvier 1221, en parlant de cette Monnoie Barcelonnoife de *quern*, de *quaterno*, que les 44ᶠ valoient un marc pefant d'argent.

Pour liquider au jufte la valeur de cette Monnoie, il faut tabler fur deux principes; favoir, quelle étoit la valeur de l'argent matiere, & à quel titre de bonté étoit cette matiere.

Quoique ces deux principes ne derivent point dudit Édit de Janvier 1221, néanmoins on les découvre par les Édits pofterieurs : en effet, l'Édit du Roi Pierre d'Aragon, du 5 des Cal. de Juillet 1285, enregîtré audit Livre de Monnoies, *fol. 7,* déclare la valeur du marc d'argent à 24 livres de notre Monnoie courante, puifque cet Édit ordonne la fabrication d'une Monnoie d'argent de 72. de taille au marc, (efpèce de Monnoie, qui fuivant ce qui fera dit, Chap. 5. a été toujours connue en Rouffillon pour 6ᶠ 8ᵈ· de notre Monnoie courante,) en forte qu'en bien calculant, les 72 pièces de Monnoie, à raifon de 6ᶠ 8ᵈ· rendent la valeur du marc d'argent à 24 liv. La même valeur du marc d'argent à 24 liv. a été déclarée auffi par l'Édit du Roi Don Martin, du 8 Mars 1398.

A l'égard du titre de bonté de la matiere, il a été déclaré à 11 deniers & obole de fin, par ledit Édit de Juillet 1285, & par la pragmatique du Roi Don Pierre IIᵈ·

d'Aragon, du 4 des Cal. de Juillet 1283,
compilée dans le volume des Conſtitutions
de Catalogne, *fol. 161.* poſterieurement
après par l'Ordonnance du Roi Don Martin d'Aragon, du premier Décembre 1407,
enregîtrée audit Livre de Monnoie, *fol. 23,*
& enfin par autre Ordonnance du 5 Mai
1444, enregîtrée au même Livre, *fol. 29.*

Ces titres paroiſſent aſſès ſuffiſans pour
la liquidation de la valeur du marc d'argent à 24 liv. & pour la fixation du titre
de bonté de la matiere à 11 deniers & obole
de fin; & ainſi procédant ſur ce pied-là,
à la liquidation de la Monnoie Barcelonnoiſe
de *quern*, *quaterna*, de *quaterno*, en rapportant la liquidation au temps du cours de
ladite Monnoie, chaque ſol Barcelonnois
de *quaterno*, eſt liquidé à dix ſols dix deniers & dix onzièmes de denier de notre
Monnoie courante, ci . . . . . . 10ˢ 10ᵈ $\frac{10}{11}$

Si au contraire la liquidation devoit être
portée au temps préſent, que le denier de
fin de la matiere d'argent eſt de 4 liv. 5
ſols 3ᵈ ce qui rend la valeur du marc au
ſuſdit titre de 11 deniers & obole à 49 liv.
4ᵈ, chaque ſol Barcelonnois de *quaterno*,
devroit être liquidé à vingt-deux ſols trois

deniers & trois onzièmes de denier de notre
Monnoie courante, ci . . . . 1 $^{\text{liv.}}$ 2 $^{\text{f.}}$ 3 $^{\text{d.}}$ $\frac{3}{11}$

Si on rapporte ici l'une & l'autre liquidation, c'eſt autant pour ſatisfaire la cu-
rioſité du Leƈeur, que pour lui ſervir au
beſoin, l'Auteur du Recueil ne voulant point
décider ſi c'eſt ſuivant le ſens de l'Arrêt du
Conſeil Royal de 1655 , ou autrement ,
que ladite liquidation doit être faite.

CHAPITRE II·

Monnoie Barcelonnoiſe Doblenca.

A la Monnoie Barcelonnoiſe de *quern* ,
de *quaterno* , ſucceda la Monnoie Barcelonnoiſe *Doblenca* , en vertu de l'Édit du
Roi Jacques d'Aragon, du 6 des Cal. de Janvier 1221 , rapporté au Chapitre précédent.

Cet Édit ordonne que la fabrication de
cette Monnoie *Doblenca* , ſeroit faite à raiſon de 88 $^{\text{f.}}$ de taille au marc ; par conſéquent la liquidation de cette Monnoie eſt
faite par le même Édit, ſi on la combine
avec celle du Chapitre précédent, puiſque
cette Monnoie eſt moindre par moitié que
la Monnoie *quaterne* dans ſa valeur intrinſeque, la premiere étant de 44 $^{\text{f.}}$ de taille

au marc, au lieu que la Monnoie *Doblenca*
eft de 88^f de taille au marc ; & par conféquent on doit dire, que fi le fol ou *fou*
de la Monnoie *quaterne* a été ci - deffus liquidée au Chapitre précédent à 10^f 10^d $\frac{10}{11}$
de denier, le fol ou *fou* de la Monnoie
Doblenca doit être liquidé à 5^f 5^d $\frac{5}{11}$ de
denier de notre Monnoie courante , fup-
pofé qu'on rapporte la liquidation au temps
du cours de cette Monnoie : fi au contraire on veut en rapporter la liquidation ,
fuivant la valeur intrinfeque de la matiere
au temps préfent, chaque fol ou *fou* Barcelonnois *Doblenca*, doit être liquidé à 11^f
1^d $\frac{7}{11}$ de denier de notre Monnoie, qui eft
la moitié moins de la liquidation du fol ou
fou de *quaterno*.

Cependant on trouve dans la difpofition
de l'Edit, qu'il plut audit Seigneur Roi de
donner à ladite Monnoie *Doblenca* une valeur au - deffus de celle qui lui convenoit,
proportionnellement à la partie aliquote du
fol au marc, puifqu'il ordonna par le même Édit, qu'un débiteur pourroit fe libe-
rer de 12^f Monnoie *quaterne*, en payant
par lui 18^f de la Monnoie *Doblenca* ; &
ainfi en fe conformant à cette difpofition,

on devroit liquider chaque fol ou *fou* de cette Monnoie *Doblenca* dans fa valeur extrinfeque à 8^f. 2^d. $\frac{2}{11}$ de denier de notre Monnoie, fuppofé qu'on rapporte la liquidation au temps du cours de lad. Monnoie *Doblenca*, & à 16^f. 8^d. $\frac{5}{11}$ de denier de notre Monnoie, fi la liquidation a pour objet le temps préfent, ci . . . . 16^f. 8^d. $\frac{5}{11}$

On l'a déja dit au Chapitre précédent, on le repete & il fera cenfë repeté à chaque Chapitre; l'Auteur de ce Recueil ne veut point décider fi la difpofition de l'Arrêt du Confeil Royal, du premier Juillet 1655, doit ou ne doit point être fcrupuleufement fuivie dans les liquidations de ces Monnoies, & il s'eft contenté de faire ces liquidations en deux fens différens; favoir, en les rapportant à la valeur des efpèces au temps de leur cours, & en les rapportant à la valeur de la matière des Monnoies du temps préfent, afin de laiffer l'option & la liberté à ceux qui pourront fe trouver intereffés dans ces liquidations, de les appliquer au fens qui pourra mieux leur convenir, & de confulter fur cela les perfonnes mieux éclairées.

CHAPITRE

CHAPITRE III.

Monnoie de Molgone.

LA Monnoie *molgolonoife* a été au cours dans cette Province ; grand nombre d'Actes & autres titres gardés dans les Archives publiques & particulieres , dans lefquels cette Monnoie fe trouve ftipulée, en fourniffent la preuve. On ne trouve point l'origine de cette Monnoie ; mais on en trouve le décri qui en fut fait par l'Ordonnance du Roi Jacques d'Aragon , du premier Août 1258, qui eft enregîtrée à *fol. 3.* du Livre de Monnoies , énoncé au premier Chapitre, & cette abolition fut reiterée par autre Ordonnance du 3 des Nones d'Août 1273, enregîtrée au Livre verd majeur des Archives de la Maifon de Ville, *fol. 46,* & par autre Ordonnance du 16 des Cal. de Juin 1350, enregîtrée au Livre d'Ordinations, N°. 1. des mêmes Archives, *fol. 11.*

Le défaut du titre primordial de cette Monnoie, fait qu'on ne peut point favoir au jufte à quelle partie aliquote du marc répond le fol ou *fou* de cette Monnoie de *molgone ;* mais cependant on a taché de le

C

découvrir au moyen de grand nombre d'Actes & titres qu'on a recueillis, dans lesquels cette Monnoie se trouve stipulée. On trouve en effet nombre d'Actes & titres, dans lesquels le sol ou *sou molgolonois* se trouve stipulé en cette forme, *quorum* ou *de quâ monetâ sexaginta solidi valent unam marcham argenti fini, recti ponderis Perpiniani.* D'autres Actes fixent ce sol ou *sou* à la 62.e. partie du marc, d'autres à la 64.e & d'autres enfin à la 65.e.; mais le plus réguliérement, & en plus grand nombre d'Actes, le sol ou *sou molgolonois* se trouve stipulé à la 60.me. du marc d'argent, en sorte qu'en embrassant la stipulation de la pluralité des titres, & en se conformant à la maxime, *à majori parte fit denominatio,* on liquidera pour à présent le sol ou *sou molgolonois* à la 60.me. partie du marc d'argent, pour servir de liquidation générale, sauf à le liquider autrement dans les cas particuliers, auxquels cette Monnoie se trouvera stipulée à une partie aliquote, moindre ou plus forte que celle de 60.e. de taille au marc d'argent.

Sur ce fondement, & après avoir démontré que la valeur du marc d'argent, dans le temps que cette Monnoie étoit au cours, n'étoit que de 24 ^{liv.} de notre Monnoie courante, on liquidera celle du fol ou *fou molgolonois* à 8 ^{f.} de notre Monnoie, fuppofé que la liquidation doive être rapportée au temps du cours de ladite Monnoie de *molgone*, ci . . . . 8 ^{f.}

Si au contraire la liquidation prend pour objet la valeur de la matière d'argent, au temps préfent que le denier de fin de cette matiere eft de 4 ^{liv.} 5 ^{f.} 3 ^{d.}, la liquidation du fol ou *fou molgolonois*, doit être portée à feize fols quatre deniers & un quinzième de denier de notre Monnoie courante, ci . . 16 ^{f.} 4 ^{d.} $\frac{1}{15}$

CHAPITRE IV.

Monnoie Barcelonnoife de tern, *en latin* ternalis.

LA fabrication de cette Monnoie Barcelonnoife de *tern*, en latin *ternalis*, fut ordonnée par Édit du premier Août 1258, enregîtré au Livre de Monnoies, énoncé au 1er. Chapitre de ce Recueil, à *fol. 3.* dudit Livre, & par Édit du 5 des Ides de Mars 1334, enregîtré à *fol. 3.* du Regître 1er. des Archives du Domaine, il fut ordonné qu'elle feroit reçue au Commerce dans tous les Pays auxquels la Monnoie Barcelonnoife avoit cours, & fur tout dans cette Province de Rouſſillon, Conflent & Cerdagne. Cette Monnoie de *tern*, & la Barcelonnoiſe ſimple, *ut ſic*, furent confirmées perpetuelles par le Roi Jacques II. d'Aragon, aux Cours tenues à Barcelonne en l'année 1290. *Liv. 10. Tit. 2. Chap. 8. fol. 531.* du volume des Conſtitutions de Catalogne, & par autre Conſtitution de 1365. audit vol. *pag. 532.*

Le premier des ſuſdits Édits, ordonne que cette Monnoie de *tern* ſeroit battue au même coin que la Barcelonnoiſe, *ut ſic*, à la taille de 72 au marc, à la différence pourtant de l'inſcription & de la deviſe, & à la différence auſſi de la bonté de la matiere, le Roi s'expliquant en cette forme ; ſavoir, que comme la Monnoie Barcelonnoiſe étoit d'argent fin, celle - ci ſeroit à un moindre titre, puiſque ſur un marc d'argent il y auroit une once d'aliage.

Cette Monnoie de *tern* a ſouffert en différens temps ſes viciſſitudes, ſes alterations & ſes diminutions; la Déclaration du Roi du 6 des Cal. de Juillet 1260; l'Ordonnance du 5 des Cal. de Juillet 1285; celle du 4 des Cal. d'Avril 1286; celle du 4 des Ides de Mars 1339, & celle du 20 Octobre 1426, toutes enregîtrées audit Livre de

Monnoies, *fol. 3, 7, 9, 11 & 28*, fourniffent les preuves de ces viciffitudes; mais quoi qu'il en foit de ces alterations & diminutions, il faut en venir toujours au titre primordial, pour procéder à une jufte liquidation.

L'Édit de 1258, difpofe que la matiere dont cette Monnoie Barcelonnoife de *tern* devoit être fabriquée, feroit chargée d'une once d'aliage par marc, en forte que ce feul titre fuffit pour indiquer l'aloi ou le titre de bonté de cette matiere, laquelle bien calculée fe trouve reduite à 8 $^{d\cdot}$ 15 $^{gr\cdot}$ $\frac{1}{2}$. de titre de fin : c'eft donc-là la valeur intrinfeque de la Monnoie de *tern*, qui doit fervir de bafe & de fondement à la liquidation.

Si cette liquidation devoit être rapportée au temps préfent, que le denier de fin eft de 4 $^{liv\cdot}$ 5 $^{f\cdot}$ 3 $^{d\cdot}$ de notre Monnoie, le 8 $^{d\cdot}$ 15 $^{gr\cdot}\frac{1}{2}$ qui formoient le titre de la matiere de cette Monnoie de *tern*, donneroient à la valeur du marc d'argent 37 $^{liv\cdot}$ 3 $^{f\cdot}$ 5 $^{d\cdot}$ de notre Monnoie, laquelle fomme divifée par 72 pièces de taille au marc, chaque fol ou *fou* de *tern*, comme faifant la 72 ^{e} partie aliquote du marc, devroit être liquidé à dix fols trois deniers & cinq fixièmes de denier de notre Monnoie, ci . . 10 $^{\text{f.}}$ 3 $^{\text{d.}}$ $\frac{5}{6}$

Si au contraire la liquidation de cette Monnoie devoit être rapportée au temps de fa fabrication, auquel temps la valeur du marc d'argent n'étoit que de 24 $^{\text{liv.}}$ de notre Monnoie, les 8 $^{\text{d.}}$ 15 $^{\text{gr.}}$ $\frac{1}{2}$ de fin, dont le marc de la matiere d'aliage de cette Monnoie de *tern* étoit compofé, ne rendroient la valeur du marc de cette matiere qu'à 17 $^{\text{liv.}}$ 5 $^{\text{f.}}$ 10 $^{\text{d.}}$ de notre Monnoie, laquelle fomme divifée par les 72 fols ou *fous* de *tern*, dont le marc étoit compofé, chaque fol ou *fou* de *tern*, devroit être liquidé à quatre fols neuf deniers quarante-fix foixante douzièmes de denier de notre Monnoie, ci . . . . 4 $^{\text{f.}}$ 9 $^{\text{d.}}$ $\frac{46}{72}$

C'eft effectivement au temps de la fabrication de cette Monnoie, & à la valeur intrinfeque qu'avoit alors le marc d'argent, matiere dont cette Monnoie étoit fabriquée, que la liquidation femble devoir être rapportée pour fe conformer à la difpofition de l'Arrêt du Confeil Royal, du premier Juillet 1655.

Si cette liquidation paroît au Lecteur un peu trop fpéculative, on va en rapporter une autre qui eft toute fimple ; c'eft celle qui refulte de l'Arrêt du Confeil Souverain de Rouffillon, du 15 Mars 1719 , rendu fur le Procès d'entre Me. Jacques Pagés , Prêtre , & la Confrérie des Menuifiers de Perpignan. Me. Pagés demandoit à cette Confrérie le payement & la reconnoiffance d'une Rente de 12 ^{liv.} Monnoie Barcelonnoife de *tern* , conftituée en faveur de fon Bénéfice , par Acte du 16 Novembre 1386; & la Cour du Confeil Souverain difant droit en contradictoire défenfe , condamna la Confrérie des Menuifiers à payer la Rente de 12 ^{liv.} Monnoie de *tern* , fur le pied de 28 ^{liv.} 16 ^{f.} Monnoie de France , en forte que par cet Arrêt la livre Barcelonnoife de *tern* , demeure liquidée à deux livres huit fols de notre Monnoie courante, ci . . . . . 2 ^{liv.} 8 ^{f.}

Mais, dira-t'on, s'il eft vrai, comme on n'en peut point douter, qu'il faut s'en tenir à cette derniere liquidation de la Monnoie de *tern* , à raifon de 2 ^{liv.} 8 ^{f.} de notre Monnoie pour chaque livre de *tern* , ainfi qu'il refulte dudit Arrêt de 1719. Pourquoi après un titre fi refpectable , l'Auteur du Recueil a porté fa premiere liquidation du fol ou *fou* Barcelonnois de *tern* à 4 ^{f.} 9 ^{d.} $\frac{46}{72}$ de denier de notre Monnoie ? C'eft, ou vouloir contredire l'Arrêt, ou vouloir fe tromper lui-même de gayeté de cœur, puifque s'il croit bonne fa liquidation du fol ou *fou* de *tern* à 4$^{\text{f.}}$ 9$^{\text{d.}}$ $\frac{46}{72}$ de notre Monnoie, il devoit en conféquence porter la liquidation de la livre de *tern* à 4$^{\text{liv.}}$ 16$^{\text{f.}}$ 0$^{\text{d.}}$ $\frac{56}{72}$ de notre Monnoie, car le fol étant la 20$^{\text{e.}}$ partie aliquote de la livre, les 4$^{\text{f.}}$ 9$^{\text{d.}}$ $\frac{46}{72}$ multipliés par 20, la multiplication lui auroit produit ladite fomme de 4$^{\text{liv.}}$ 16$^{\text{f.}}$ 0$^{\text{d.}}$ $\frac{56}{72}$ à la livre de *tern*, & ainfi de quel côté qu'on envifage ces deux liquidations, on les trouvera toujours difformes & contradictoires; mais pour concilier ces deux liquidations, qui à très petite chofe près font conformes, & pour écarter toute contradiction apparente, on répondra.

1°. Que l'Auteur du Recueil n'a point liquidé ni entendu liquider à 4$^{\text{f.}}$ 9$^{\text{d.}}$ $\frac{46}{72}$ de notre Monnoie le fol de *tern*, faifant la 20$^{\text{e.}}$ partie aliquote de la livre; mais qu'il a liquidé & entendu liquider à ladite fomme de 4$^{\text{f.}}$ 9$^{\text{d.}}$ $\frac{46}{72}$ de notre Monnoie, le *fou* de *tern*, Monnoie réelle, faifant la 72$^{\text{e.}}$ partie aliquote du marc, conformément à l'Édit de 1258, donne pour la fabrication

de

de cette Monnoie de *tern* ; & que ce *fou*, 72e. partie du marc, ne fait ni n'a jamais fait la 20e. partie aliquote de la livre.

2°· Que livre de *tern* eft livre Barcelonnoife, tout comme la Barcelonnoife *ut fic*, & que cette livre eft compofée, non de 20^{f.}, quoiqu'on la divife par 20 dans les calculs, mais bien de 10 *Reals* ou de 10 pièces d'argent de 72 de taille au marc ; tout comme la livre Perpignanoife eft compofée, non de 20^{f.}, quoiqu'on la divife par 20 dans les calculs, mais bien de 6 *Reals*, ainfi que l'a déclaré l'Arrêt du premier Juillet 1655.

3°· Qu'ici le *fou* de *tern*, le *Croat*, le *Real*, tous à 72 de taille au marc, quoique fous différens noms, fignifient & repréfentent la même efpèce de Monnoie, ainfi qu'il fera expliqué plus au long dans le Chapitre fuivant ; & qu'il n'y a que la différence du titre de bonté de la matière qui en diftingue la valeur.

Or fi le *fou*, *Croat*, *Real*, tous de 72 de taille au marc repréfentent la même efpèce de Monnoie, & s'il eft vrai que la livre Barcelonnoife foit compofée de 10 de ces pièces, il fera conféquemment vrai de dire que les 10^{f.} de *tern*, ci-deffus liquidés à 4ˢ 9ᵈ $\frac{46}{72}$ de denier, rendront la livre Barcelonnoife de *tern* à 2ˡⁱᵛ 8ˢ 0ᵈ $\frac{28}{72}$ de notre Monnoie, ainfi que cette Monnoie de *tern* a été liquidée par ledit Arrêt du 15 Mars 1719 : partant les deux liquidations ci - deffus, qui paroiffoient fi contraires & fi oppofées, demeurent duement conciliées.

Que fi la Cour du Confeil Souverain, en procédant à la liquidation de la livre de *tern* , n'a point fait compte de la petite fraction de $\frac{28}{72}$ de denier par livre, on n'hefitera point à dire, que ce n'a été que pour éviter les difficultés que cette fraction porteroit dans les comptes & dans les calculs de cette Monnoie ; ce que cette Cour a pu faire fans contredit, étant comme elle eft, depofitaire de l'autorité Souveraine.

Pour ne laiffer rien à fouhaiter de ce qui concerne cette Monnoie de *tern*, on eft bien aife d'obferver, que tantôt dans les anciens Actes elle fe trouve déduite en contrats par ftipulation de *livres* Monnoie imaginaire, & ainfi l'orfqu'il fera queftion de la liquidation de cette Monnoie ainfi ftipulée, il faudra liquider chaque livre de *tern* à 2ˡⁱᵛ 8ˢ de notre Monnoie courante ; & tan-

tôt la même Monnoie de *tern* se trouve déduite en contrat par stipulation de *sous*,
Monnoie réelle, faisant partie aliquote du
marc, & ainsi lorsqu'il sera question de
procéder à la liquidation de cette Monnoie,
il faut liquider chaque *sou d. tern* à raison
de quatre sous neuf deniers & quarante-
six soixante-douzièmes de denier de notre
Monnoie courante, ci . . . . 4^{s} 9^{d} $\frac{46}{72}$

CHAPITRE V.

Monnoie Barcelonnoise, ut sic.

PAR Édit du 5 des Cal. de Juillet 1285,
qui est enregîtré à *fol. 7.* du Livre des
Monnoies, gardé aux Archives de la Maison
de Ville, le Roi Pierre d'Aragon, ordonna
la fabrication des Deniers Barcelonnois.

Deniers Barcelonnois.

Cet Édit dispose que les Deniers Barcelonnois seront de 72 de taille au marc, &
que la matiere dont ils devoient être fabriqués seroit d'argent fin, au titre de onze
deniers & obole ; & ainsi ce seul titre est
suffisant pour procéder à la liquidation de
cette espèce de Monnoie, *Denier Barcelonnois*, puisqu'il fixe le poids de l'espèce &
le titre de bonté de la matière.

D ij

Sur ce fondement , ſi cette liquidation devoit être rapportée au temps préſent, que le denier de fin eſt fixé à 4 $^{liv.}$ 5 $^{ſ.}$ 3 $^{d.}$ de notre Monnoie, chaque Denier Barcelonnois devroit être liquidé à treize ſols ſept deniers & vingt-huit ſoixante-douzième de denier de notre Monnoie courante, ci 13 $^{ſ.}$ 7 $^{d.}$ $\frac{28}{72}$

Si au contraire la liquidation devoit être rapportée au temps de la fabrication de ladite Monnoie , le marc d'argent fin ne valant alors que 24 $^{liv.}$, chaque denier Barcelonnois 72 $^{e.}$ partie aliquote du marc, ne devroit être liquidé qu'à ſix ſols huit deniers, ci . . . . 6 $^{ſ.}$ 8 $^{d.}$

Deniers Menuts.

Par Édit du 4 des Cal. d'Avril 1286 , enregîtré audit Livre de Monnoies, *fol. 9 ,* le Roi confirma perpetuelle la Monnoie de *tern* , ordonnée par l'Édit d'Août 1258 , & confirma auſſi la Monnoie Barcelonnoiſe , ordonnée par l'Édit de 1285 , & ordonna que le Denier Barcelonnois d'argent , ſeroit reçu au cours pour 12 deniers de *tern.*

Ce même Édit d'Avril 1286 , fut confirmé par autre Édit du 4 des Ides de Mai 1339 , enregîtré au même Livre, *fol 11 ;* & par ce nouvel Édit le Roi ordonna que le Denier Barcelonnois feroit reçu au cours pour 12 deniers *menuts*.

Quoique ces deux Édits contiennent deux énonciations différentes, en parlant des douzains du Denier Barcelonnois, l'un les appellant Deniers de *tern*, & l'autre les appellant Deniers *menuts*, néanmoins ces différentes énonciations ne fourniffent aucun doute, puifque l'un & l'autre de ces Deniers, foit de *tern*, foit *menuts*, font la même efpèce de Denier ; favoir, le douzain du Denier Barcelonnois d'argent ; & ainfi cet Article n'exige point d'autre liquidation.

Sou, Croat, Real, Xamberc.

Le nom du Denier Barcelonnois, dont on vient de parler, a été fucceffivement changé en celui de *fou* & *croat*. Les Édits des 15 Juillet 1407, enregîtré audit Livre de Monnoies, *fol.* 22, 20 Octobre 1426, au même Livre, *fol.* 28, & 5 Mai 1444, au même Livre, à *fol.* 29, fourniffent la preuve de ce changement, en ordonnant nommement que le Den. Barcelonnois d'argent, dont la valeur étoit de 12 deniers de *tern*, feroit appellé *fou croat*.

Le même changement du nom de Denier Barcelonnois en celui de *croat*, avoit déja été ordonné par l'Édit du 30 Août 1362, enregîtré audit Livre de Monnoies, *fol.* 18,

& l'a été encore poſterieurement après par autre Édit du 18 Novembre 1453 , enregîtré au même Livre, *fol. 31 :* à la vérité cet Édit ordonne que le Denier Barcelonnois d'argent , dont le nom ſe trouvoit changé en celui de *croat* , ſeroit reçû au cours pour 18 deniers de *tern* ; & enfin par autre Édit du 20 Août 1455 , au même Livre de Monnoies, le nom de Denier Barcelonnois d'argent , changé en *croat*, a été nouvellement changé en celui de *real*, & ordonné qu'il ſeroit reçu au cours pour 18 deniers de *tern.*

Que ces derniers Édits ayent donné une valeur plus forte à cette Monnoie, *Denier Barcelonnois, ſou croat, real,* que celle qui lui étoit propre, ſuivant le premier Édit qui en avoit ordonné la fabrication , c'eſt ce qu'on appelle viciſſitudes qui arrivent aux Monnoies, & qui dépendent de la volonté des Souverains ; mais cela ne change rien à l'eſpèce de la Monnoie en elle même, qui doit être toujours conſiderée ſuivant ſon titre primordial : & ainſi ſous quel nom qu'on regarde cette Monnoie, ſoit comme Denier Barcelonnois d'argent, ou comme *ſou , croat* ou *real*, ce ſera toujours la même eſpèce de Monnoie de 72 de taille au

marc ; par conféquent elle devra être toujours liquidée, fuivant fa valeur intrinfeque
au temps de fa fabrication, à la 72.e partie
aliquote du marc, ce qui revient à la fufdite fomme de fix fols huit deniers de no-
tre Monnoie, ci . . . . 6^{f.} 8^{d.}

C'eft effectivement à cette valeur de fix fols
huit deniers, qu'on a vû encore de nos jours
cette efpèce de Monnoie, *real*, avoir cours
dans cette Province ; & c'eft à cette valeur
que les fix *reals* forment la livre Perpignanoife, & que dix *reals* forment la livre Barce
lonnoife, fuivant & conformément à l'Arrêt
du Confeil Royal, du premier Juillet 1655.

Quoique la livre Barcelonnoife foit compofée de dix *reals*, de valeur chacun de
6^{f.} 8^{d.} de notre Monnoie, néanmoins pour
la facilité du Commerce & des calculs de
cette Monnoie, on divife cette livre en 20
portions ou parties aliquotes qu'on appelle
fols, & chaque fol en 12, qu'on appelle
deniers ; & c'eft dans ce fens feulement
qu'on a fixé.

Le Denier Barcelonnois, à .. » liv. » f. 3 d. $\frac{1}{3}$
Le Sol Barcelonnnois, à 3   4.
Et la Livre Barcelonnoife, à .. 3   6 8.
Le tout de notre Monnoie courante.

C'eft fur ce pied, que les honoraires des

Actes des Notaires furent fixés par le Tarif arrêté le 16 Décembre 1464 ; c'eſt ſur ce pied, que les anciens Procureurs Royaux ont formé leurs comptes de recette & dépenſe des Revenus & Charges des Domaines du Rouſſillon, & c'eſt ſur ce pied encore, que les Droits de Leude & Péage dépendans du Domaine, ont été perçus & levés ; les Tarifs pour la levée de ce Droit, qui ſont aux Archives de ce Domaine, ſont garants de ce qu'on vient d'avancer ; ils furent traduits de catalan en françois par ordre du Roi, en l'année 1700 & 1707. On y lit dans la colonne en catalan : une Marchandiſe tariffée un denier Barcelonnois, & à la colonne en françois, la même Marchandiſe tariffée 3 d. $\frac{1}{3}$; à la colonne en catalan, une autre Marchandiſe tariffée 1 ſ., & à la colonne en françois, la même Marchandiſe tariffée 3 ſ. 4 d. ; & ainſi du plus ou du moins des autres Marchandiſes. C'eſt enfin ſur ce même pied de 3 liv. 6 ſ. 8 d. de notre Monnoie, que la livre Barcelonnoiſe a été connue & deſignée dans les Ordonnances du 16 Septembre 1531 & 18 Novembre 1533, qui ſont à *fol.* 42 & 52 du Livre d'Ordinations de N°. 2. des Archives de la Maiſon de Ville. Ces Ordonnances diſpoſent que le ducat, (pièce

de

de Monnoie connue en Rouffillon pour 4 [liv.] de notre Monnoie,) fera liquidé à 24 [f.] Barcelonnois, & que le *real* d'argent (pièce connue pour 6 [f.] 8 [d.] de notre Monnoie,) fera liquidé à 2 [f.] Barcelonnois. (*a*)

Il y a encore une autre efpèce de Monnoie Barcelonnoife, appellée *real xamberc*. Cette Monnoie a été reçue au cours pour 6 [f.] de notre Monnoie, & c'étoit-là fa valeur intrinfeque, puifqu'elle étoit de 80 de taille au marc. Comme cette Monnoie n'a été que momentanée, & que d'ailleurs elle avoit été fabriquée à Barcelonne, dans un temps où le Rouffillon étoit heureufement réuni à la Couronne de France, on n'en rapporte point ici le titre de la fabrication, ce titre fe trouvant aux Archives de Barcelonne. (*b*)

(*a*) La Monnoie Barcelonnoife, foit fimple, foit de *plata*, doit être comptée fur le pied de dix reaux la livre dans cette Province de Rouffillon, fuivant les Arrêts du Confeil Souverain.

Cette Cour n'a jamais voulu reconnoître la Pragmatique de Philippe IV. Roi d'Efpagne, du 29 Octobre 1658, qui porte que la livre Barcelonnoife fimple, fera compofée de dix reaux d'*ardits*, qui font quarante fols Monnoie de France, & que la feule livre Barcelonnoife de *plata*, fera compofée de dix reaux d'argent. Arrêt du 21 Juillet 1666, entre Don Emanuel d'Oms & fes Créanciers : autre Arrêt du 15 Mai 1694, entre Paul Masfarner de Sareja, Cerdagne Efpagnole & . . . . par lefquels la Monnoie de Barcelonne a été comptée fur le pied de dix reaux d'argent, pour la reduire en Monnoie de France.

(*b*) La livre Efpagnole de dix reaux *xambercs*, a été liquidée à 3 liv. 6 f. 8 d. Monnoie de France courante, comme la livre Barcelonnoife, fur le pied de dix reaux la livre, par Arrêt de la Cour du Confeil Souverain de Rouffillon, du 18 Juin 1768, entre J. B. Benefet, du Lieu de Guils, & les mariés Jean Fabre & Marie Farrés du Lieu d'Euveig en Cerdagne.　　　　E

CHAPITRE VII.

Écus & Blanques.

CETTE Monnoie, *écus*, *blanques*, a été au cours dans cette Province de Rouffillon, & a été fouventes fois déduite en Contrats, quoique Monnoie étrangere, ou au moins battue au coin & aux armes d'un Roi étranger : c'eft par cette raifon qu'on ne peut point rapporter le titre primitif de cette Monnoie; mais cependant on en a découvert la valeur.

Le Roi Don Martin d'Aragon, alors Souverain de cette Province, fit faire l'effai de cette Monnoie, qui pour lors étoit reçue au Commerce pour 18ᶜ partie aliquote de la livre Barcelonnoife, c'eft-à-dire, pour 3 ˡⁱᵛ· de notre Monnoie; par lequel effai il fut trouvé que la valeur intrinfeque de cette Monnoie, *écus, blanques*, n'étoit que de 16ᶜ· Barcelonnois, c'eft-à-dire, de 2 ˡⁱᵛ· 13ᶜ· 4ᵈ· de notre Monnoie. Cette liquidation refulte de l'Ordonnance rendue par ledit Seigneur Roi, le 8 Mars 1398, par laquelle il décria ladite Monnoie, & en abolit le cours; elle eft enregîtrée au fufdit Livre de Monnoies, *fol. 20.*

La fufdite Ordonnance non - obftant, le même Roi Don Martin, permit le cours de cette Monnoie par fon Ordonnance du 5 Mars 1406, enregîtrée à *fol. 193.* du Livre des Provifions, *N°·* 1, des Archives de la Maifon de Ville; mais bien - tôt après le Roi Ferdinand, fon fucceffeur, l'abolit entierement par fa conftitution donnée aux Cours tenues à Barcelonne le 31 Août 1413, compilée dans le volume des Conftitutions de Catalogne, Liv. 10. Titre 2. page 532; & ce décri fut reiteré & publié en vertu de l'Ordonnance du 10 Mars 1418, regîtrée à *fol. 124,* du Regître *N°·* 30. des Archives du Domaine.

CHAPITRE VII.

Monnoie Perpignanoife.

LA valeur & la fidélité des Perpignanois, ont mérité de tout temps à la Communauté de cette très - fidéle Ville , un grand nombre de Prérogatives & de Priviléges, pour le feul détail defquels il faudroit ici un volume; on les paffe tous fous filence, pour ne parler que de ceux qui lui donnent le droit de battre Monnoie ; & encore de ceux - là il ne fera rapporté ici que la difpofition de celui du Roi Don Ferdinand, du 4 Novembre 1493, de celui du 6 Mai 1457, & de celui du 30 Mars 1496, à caufe que ces Priviléges énoncent diverfes efpèces de Monnoie & en defignent la valeur; ce qui eft l'unique objet de l'Auteur de ce Recueil.

Par les trois premiers Articles des Lettres-Patentes du 4 Novembre 1493, le Roi ordonna qu'il feroit battu à Perpignan une Monnoie d'or, appellée *principat*, au même titre, loi & poids du ducat de Venife; de laquelle Monnoie *principat* il déclara & fixa la valeur au cours de 12 *reals* ou *croats*, & en outre il ordonna qu'il feroit battu une Monnoie d'argent, appellée *real*, & qu'elle feroit appellée *croat*, du même poids des *croats* de Barcelonne; favoir, de 72. de taille au marc, & au même titre de 11 deniers & obole : en forte que par ce feul titre, la liquidation de ces deux efpèces de Monnoie fe trouve faite; favoir, celle du *real* à 6 f. 8 d. de notre Monnoie, & celle du *principat* à 4 liv.

Par les Ve & VIe Articles des mêmes Lettres-Patentes, le Roi décria & mit au billon deux efpèces de Monnoie d'argent, l'une appellée *carline* & l'autre *parpellole*, fans faire aucune mention de leur valeur, ni de leur poids ni du titre de la matière; & partant, on ne fauroit ici en faire la liquidation.

Par les Lettres - Patentes du 30 Mars 1496, le Roi ordonna qu'il feroit battu de la petite Monnoie pour l'ufage journalier & pour la commodité de fes Troupes, & que cette Monnoie feroit fabriquée de telle maniere & à tel titre que les Confuls de Perpignan jugeroient à propos de fixer ; mais qu'à l'égard des *reals* & demi *reals*, ils feroient fabriqués d'argent fin au titre de 11 deniers & obole, & les *reals* de 74. de taille au marc, au lieu de 72 à quoi ils avoient été fixés par les Ordonnances précédentes.

Ces pièces d'argent, *real* & demi *real* de cette Fabrique, ont eu le même cours, & pour la même valeur que celles qui étoient fabriquées au coin de Barcelonne, quoique celles - ci fuffent d'un moindre poids : différence cependant qui n'étoit que de $2^{d.} \frac{1}{6}$ fur chaque pièce de Monnoie *real :* auffi c'eft à caufe de cette modicité de différence, que le Roi Ferdinand donna fa Déclaration le 11 Juin 1494, enregîtrée au Livre vert mineur des Archives de la Mai-

fon de Ville, *fol. 582*, par laquelle il ordonna que toutes les obligations contractées
en Monnoie Barcelonnoife, & pofterieure-
ment acquittées en Monnoie Perpignanoife
demeureroient valablement acquittées.

A l'égard de la petite Monnoie de cuivre
& d'aliage, ordonnée par les Lettres-
Patentes du 30 Mars 1496, elle confiftoit
en deniers de cuivre, *fizens* & *fou* d'aliage;
& quoique la valeur de ces efpèces de
Monnoie ne foit point déclarée dans lefdites
Lettres, néanmoins l'Auteur de ce Recueil
en rapportera ici la liquidation, fans
pourtant qu'il puiffe l'appuyer par autre
titre ni par autre preuve que celle de fon
affirmation, pour avoir vû de fes jours
lefdites efpèces au cours; favoir:

Le denier de cuivre pour 2 **d.** de notre
Monnoie: il en falloit 20 pour la valeur
du demi *real*, & 40 pour la valeur du *real*.

Le *fizens* d'aliage pour 1 **f.** de notre
Monnoie: il en falloit 40 pour la valeur
de 6 *reals*, dont la livre Perpignanoife
eft compofée.

Le *fou* d'aliage pour 2 **f.** de notre Monnoie:
il en falloit 20 pour la valeur de 6 *reals*,
dont eft compofée la livre Perpignanoife.

On a encore vû d'autres efpèces de

Monnoie de cuivre; favoir, *reals* & *quartillos;* les premiers battus au même coin & à la même marque du *real* d'argent. Quoique cette Monnoie n'aye plus cours depuis l'année 1655, cependant on la connoit encore en Rouffillon , fous le nom de Monnoie de Billon ; & comme les viciffitudes frequentes de cette Monnoie font rapportées dans l'Arrêt du Confeil Royal , du premier Juillet audit an 1655 , on en rappellera les difpofitions dans un Chapitre particulier , après avoir parlé des autres efpèces de Monnoie qu'on a pu decouvrir jufqu'à préfent.

CHAPITRE VIII.

Florin d'or d'Aragon.

SI l'argent matière, ou pour mieux dire fon titre, eft connu ou divifé en douze degrés, qu'on appelle deniers, chacun defquels eft divifé en 24 grains, le titre de l'or , comme matière plus pure & plus precieufe, eft divifé en 24 dégrés , qu'on nomme *karats;* chacun defquels eft fubdivifé en demi *karats ,* quart de *karats ,* feizième de *karats* & 32.ᵉ de *karats;* en forte qu'il faut 32 32.ᵉˢ de *karats* pour faire la 24.ᵉ partie du titre de bonté de l'or. Ce petit pre-lude eſt ici placé uniquement pour aider à la liquidation des Monnoies d'or qui feront rapportées ci-après.

Par les Articles des Cours de Tortoze, du 21 Avril 1365, enregîtrés au long au fufdit Livre de Monnoies, *fol. 33 & 34,* il fut ordonné qu'il feroit battu une Mon-noie d'or au titre de 18 *karats,* qu'on ap-pelleroit *florin* d'or d'Aragon, de 68 de taille au marc.

Par Édit du premier Juillet 1365, en-regîtré au même Livre, *fol. 37,* le Roi abolit & mit au Billon toute efpèce de Monnoie d'or, à l'exception des *florins* d'or d'Aragon, du coin & fabrique de Perpignan.

Par l'Article 61 des Cours de Monfo, du 26 Juin 1376; par l'Ordonnance du Roi, Don Martin, du 17 Février 1407, & en-fin par celle du premier Mai 1409, enre-gîtrée au Livre des *Proviſions,* N°· 1, *fol. 198,* la fabrication de la Monnoie *florins* d'or d'Aragon, fut confirmée audit titre de 18 *karats* & de 68 de taille au marc.

Il paroît jufques-là, qu'il y a eu une Monnoie d'or, appellée *florin* d'or d'Aragon; on en connoit même le poids & le titre

de

de la matière, mais on n'en connoit pas le prix, & c'eſt cependant ce qu'il faut pour pouvoir liquider ladite Monnoie.

Si cette liquidation devoit être faite ſuivant la valeur actuelle de l'or, dont le *karats* eſt aujourd'hui de 30 $^{liv.}$ 17 $^{ſ.}$, le marc d'or de la matière des *florins* d'Aragon, qui étoit au titre de 18 *karats*, feroit de la valeur de 555 $^{liv.}$ 6 $^{ſ.}$; laquelle ſomme diviſée par les 68 *florins* d'or de taille au marc, chaque *florin* d'or feroit de la valeur de huit livres trois fols trois deniers & foixante foixante-huitièmes de denier de notre Monnoie courante, ci .. 8 $^{liv.}$ 3 $^{ſ.}$ 3 $^{d.}$ $\frac{60}{68}$

Si au contraire la liquidation de cette Monnoie, *florin* d'or, doit être rapportée au temps de ſa fabrication, alors cette liquidation exige une ſpéculation, puiſque les Édits & Ordonnances ci-deſſus, ne font qu'indiquer le poids du *florin* d'or, fans nullement parler de la valeur de la matière.

Pour découvrir donc la valeur de l'or dans le temps reculé, on eſtime devoir prendre pour baſe & fondément la diſpo-ſition de l'Arrêt du Conſeil Royal, du premier Juillet 1655, qui déclare que la piſtole d'or, dont le poids étoit de 35 de

taille au marc, étoit dans fa valeur intrin-
feque, au temps reculé, de 9 $^{\text{liv.}}$ 6 $^{\text{f.}}$ 8 $^{\text{d.}}$ de
notre Monnoie ; ce qui rendroit la valeur
du marc d'or d'alors à 326 $^{\text{liv.}}$ 13 $^{\text{f.}}$ 4 $^{\text{d.}}$, &
par conféquent le *karats* qui en eft la 24 $^{\text{e.}}$
partie, à 13 $^{\text{liv.}}$ 12 $^{\text{f.}}$ 2 $^{\text{d.}}$ $\frac{2}{3}$. Sur ce fondement,
la matière dont les *florins* d'or d'Aragon
étoient fabriqués, n'étant qu'au titre de 18
karats, le marc de cette matière d'or audit
titre, ne reviendroit qu'à 245 $^{\text{liv.}}$ de notre
Monnoie ; laquelle divifée par les 68 *florins*, dont le marc étoit compofé, chaque
florin demeureroit liquidé à trois livres
douze fols neuf deniers de notre Monnoie
courante, ci . . . . 3 $^{\text{liv.}}$ 12 $^{\text{f.}}$ 9 $^{\text{d.}}$

Cependant, en reprenant la difpofition
des fufdites Ordonnances de 1365, 1376,
1407 & 1409, on trouve que la valeur de
ces *florins* y eft déclarée à 11 $^{\text{f.}}$ Barcelonnois;
par conféquent, c'eft à cette valeur qu'il
faut fe reduire pour faire ladite liquidation.
Or pour y procéder avec juftefle, on eftime
devoir faire ici une diftinction effentielle du
fou Barcelonnois, 20 $^{\text{e.}}$ partie aliquote de la
livre, Monnoie imaginaire, d'avec le *fou*
Barcelonnois, Monnoie réelle, 72 $^{\text{e.}}$ partie
aliquote du marc. Dans le premier fens le
fou Barcelonnois ne vaut que 3 $^{\text{f.}}$ 4 $^{\text{d.}}$ de no-

tre Monnoie, & ainſi dans ce ſens, les 11 ſ. Barcelonnois ne ſauroient jamais faire la 68ᵉ partie du marc d'or; c'eſt donc dans le 2ᵉ ſens qu'il faut prendre le *ſou* Barcelonnois à raiſon de 6ſ. 8ᵈ. de notre Monnoie, comme faiſant le 72ᵉ partie du marc d'argent; car autrement les premieres diſpoſitions deſdites Ordonnances contrediroient les ſecondes; & ainſi moyenant cette diſpoſition, on concilie l'une & l'autre diſpoſition de ces Ordonnances. Procédant donc dans ce 2ᵉ ſens à la liquidation du *florin* d'or d'Aragon, à raiſon de douze ſols Barcelonnois, on dira que ce *florin* d'or dans ſa valeur intrinſeque vaut trois livres treize ſols quatre deniers de notre Monnoie, *(a)* ci . . . . 3 ˡⁱᵛ· 13 ſ· 4ᵈ·

Que ſi de l'une à l'autre de ces deux liquidations, il ſe trouve une petite différence qui n'eſt que de 7ᵈ· par *florin,* on doit preſumer, & la preſomption eſt en ſa place, qu'il a plu au Souverain de donner à cette eſpèce de Monnoie, cette petite valeur au-deſſus de celle qu'il avoit donnée à la matière dont elle étoit fabriquée.

(*a*) Par Arrêt de la Cour du Conſeil Souverain de Rouſſillon, du 30 Mars 1765, entre le Chapitre d'Elne & les Héritiers du Sr. Pierre Roger, poſſeſſeurs du fief de Tatzo-de-mont, le *florin* d'or a été évalué à 11 ſols Monnoie de Barcelonne, faiſant 3 liv. 13 ſ. 4 d. Monnoie de France courante, en ſuivant le calcul ci-deſſus.

On obferve que la combinaifon de ces deux liquidations, qui à 7ᵈ· près font conformes, & la diftinction qui a été faite ci-deffus du *fou* Barcelonnois au *fou* Barcelonnois, juftifient & corroborent ce qui a été avancé au Chapitre Vᵉ· en parlant de la Monnoie Barcclonnoife, que le denier, *fou*, *croat*, *real*, tous de 72 de taille au marc, fignifient la même efpèce de Monnoie.

Cette Monnoie, *florin* d'or, a ceffé d'avoir cours en vertu de l'Ordonnance du Roi Alfonfe, du 18 Novembre 1453, enregîtrée audit Livre des Monnoies, *fol. 31.*

CHAPITRE IX·

Florin d'or de Florence.

QUOIQUE cette Monnoie n'aie point eu un cours ordinaire en cette Province, il fuffit qu'on la trouve ftipulée dans des contrats, pour que la curiofité foit excitée pour en réchercher la valeur & en faire la liquidation.

On ne rapportera point ici aucun Arrêt, Édit, Déclaration ni Lettres Royaux pour la liquidation de cette Monnoie; mais on y énoncera un titre quafi équivalent.

En l'année 1338, la Reine Sanche de

Sicile, portée de zéle & de devotion pour le Couvent des Religieuſes Clairiſtes de Perpignan, voulut le doter ; elle s'adreſſa pour cela au Roi Jacques de Mallorque, alors Souverain du Pays, & lui demanda la permiſſion d'y acheter des rentes bien ſolides, pour mille onces d'or de capital , pour pouvoir les tranſporter après audit Couvent pour ſa dotation. Le Roi ſecondant les pieuſes intentions de la Reine Sanche, accepta les mille onces d'or, & en payement, il tranſporta des rentes de ſon propre Domaine au Couvent des Religieuſes de Ste. Claire.

Il eſt dit par cet Acte, que les mille onces d'or valoient cinq mille *florins* de Florence, par conſéquent ce titre indique aſſez le poids du *florin* qui eſt de 40 de taille au marc ; à l'égard du titre de bonté, on a trouvé aux Mémoires de l'Hôtel de Monnoie de Perpignan, que généralement toutes les matières des *florins* étoient au titre de 18 *karats*.

Sur ces notions, ſi on devoit liquider le *florin* de Florence ſur la valeur de l'or au temps préſent, dont le marc audit titre de 18 *karats* ſeroit de 555 ^{liv.} 6^ſ , ainſi qu'il a été dit au Chapitre précédent, chaque *florin* d'or de Florence de 40 de taille au marc , devroit être liquidé à treize liv. dix-fept fols fept deniers & trente - huit quarantièmes de denier de notre Monnoie, ci 13 $^{\text{liv.}}$ 17 $^{\text{f.}}$ 7 $^{\text{d.}}$ $\frac{38}{40}$

Si au contraire la liquidation doit être rapportée au temps de la ftipulation de cette Monnoie, auquel temps la valeur intrinfeque du marc d'or au titre de 18 *karats*, étoit feulement de 245 $^{\text{liv.}}$, le *florin* de Florence de 40 de taille au marc, ne doit être liquidé qu'à fix livres deux fols fix deniers de notre Monnoie, ci .. 6 $^{\text{liv.}}$ 2 $^{\text{f.}}$ 6 $^{\text{d.}}$

L'Acte de cette pieufe dotation eft en date du 5 des Cal. de Janvier 1338 ; il eft gardé & enregîtré au long, à *fol.* 142 & fuivans du Regître N°. 22. des Archives du Domaine de Rouffillon.

CHAPITRE X.

Denier d'or.

L E denier d'or eft liquidé & apprecié à dix fols Barcelonnois, par l'Acte de la foi & hommage fait au Roi par Jacques Bernardy, Chevalier, Seigneur de Jujols, le 16 Août 1464, enregîtré à *fol.* 2. du Livre qui a pour titre, *différens Actes*, gardé aux Archives du Domaine. Quoique ce titre ne foit ni Édit, ni Arrêt, ni Ordonnance, on le croit cependant affez folemnel pour pouvoir être ici employé, puifqu'il contient une ftipulation entre un Souverain & fon Feudataire.

Il eft cependant queftion de liquider les dix fols Barcelonnois, pour en venir à la liquidation du denier d'or; pour cela faire, on eftime devoir reprendre la même diftinction portée dans le Chap. 8, en parlant du *florin* d'or d'Aragon, c'eft-à-dire, que ces dix fols Barcelonnois ne doivent point être regardés comme faifant partie aliquote de la livre, mais bien comme faifant dix $72^{es.}$ du marc d'argent.

Dans ce fens, fi cette liquidation devoit être rapportée au temps préfent, que le marc d'argent eft à $49^{liv.}$ $0^{f.}$ $4^{d.}$, les dix fols Barcelonnois, & par conféquent le denier d'or, devroit être liquidé à fix livres quinze fols neuf deniers de notre Monnoie, ci . . . . $6^{liv.}$ $15^{f.}$ $9^{d.}$

Si au contraire là liquidation doit être rapportée au temps du cours de la Monnoie Barcelonnoife, auquel temps le marc d'argent ne valoit que $24^{liv.}$, les dix fols Barcelonnois, fuivant les titres Royaux rapportés aux Chapitres précédens, ne peuvent être liquidés qu'à trois livres fix fols

huit deniers de notre Monnoie , & par
conféquent le denier d'or énoncé dans ledit
Aĉte , demeure liquidé à la même fomme ,
ci . . . . 3 ^{liv.} 6 ^{f.} 8 ^{d.}

CHAPITRE XI.

Morabatin , ou maravadis *d'or.*

IL y a eu différentes efpèces de *morabatin*
ou *maravadis ;* les uns étoient de cuivre
au Billon , les autres d'argent , & les
autres d'or. Torres, Auteur Catalan, a
reconnu les premiers pour la plus petite
Monnoie ; c'eft ainfi qu'il le defigne &
le definit dans une de fes phrafes des Ru-
dimens de Grammaire , *faltat pro obolo ,
falta per un maravadis ,* & en françois, il
fait un faut pour un *maravadis.* Or, fi l'o-
bole en latin, *obolum,* fignifie la plus petite
Monnoie , on doit dire qu'au fentiment de
Torres , le *maravadis* fignifie la plus petite
Monnoie , puifque cet Auteur a traduit le
mot *obolum ,* par celui de *maravadis.*

On eftime que le *maravadis* d'argent eft
une Monnoie Efpagnole - Caftillane ; on la
trouve rapportée encore du temps préfent,
dans les timbres des parchemins & des papiers de ce Royaume ; & on la trouve auffi
énoncée

énoncée & ſtipulée dans les Loix édictales & Ordonnances pénales de ce même Royaume. Dans cette ſuppoſition, on eſtime auſſi devoir adherer pour la liquidation de cette 2e eſpèce de *maravadis*, au ſentiment des aritmeticiens Eſpagnols, qui liquident ce *maravadis* à la 375e partie du ducat. Or, le ducat étant connu dans cette Province, tout comme le principat, pour la valeur de 4$^{liv.}$ de notre Monnoie, le *maravadis* qui en eſt la 375e partie, doit être liquidé à deux den. deux cens dix trois cens ſoixante-quinzièmes de denier de notre Monnoie, ci 2$^{d.}$ $\frac{210}{375}$

A l'égard du *morabatin* ou *maravadis* d'or, on trouve dans les Archives du Domaine de Rouſſillon, une chartre du 7 des Cal. de Décembre 1180, cottée N°. 397, par lequel Acte Arnaud Gauſbert & Bruniſſendis ſon épouſe, baillerent à Pierre Andreu un petit Domaine engagé pour 340^{ſ} Molgolonois, à la charge du retrait en rembourſant cette ſomme : il fut encore ſtipulé par cet Acte, que ſuppoſé qu'au temps du retrait la Monnoie de Molgonne ſut décriée, hors de cours, ou alterée dans ſa valeur intrinſeque, le rembourſement des 340^{ſ} Molgolonois ſeroit fait en *maravadis* d'or de juſte poids, à raiſon de ſept ſols Molgolo-

G

nois pour chaque *maravadis*, à quoi reve-
noit le poids & valeur de cette Monnoie
maravadis au temps de ce contrat.

Par cet Acte la valeur du *maravadis* se
trouve donc déclarée à 7ˢ Molgolonois :
or, si par le Chapitre III. du présent Recueil, le sol ou *sou* Molgolonois se trouve
liquidé à 8ˢ de notre Monnoie, le *maravadis* d'or doit être liquidé à sept fois autant, c'est-à-dire, à deux livres seize sols,
ci . . . . $2^{\text{liv.}}$ $16^{ſ.}$ $0^{\text{d.}}$

Cette Monnoie a souffert aussi ses viciſ-
situdes, ainsi qu'il paroît par la Costitution
$2^{\text{e.}}$ des Cours tenues à Perpignan, par le
Roi Pierre $\text{III}^{\text{e.}}$ d'Aragon, en l'année 1351.
Par cette Constitution qui est compilée dans
le volume des Constitutions de Catalogne,
page 531, la valeur du *morabatin* ou *maravadis* d'or, a été liquidée à quatre *sols
Barcelonnois* de *tern* ; sur ce fondement, le
sou de *tern* ayant été liquidé ci-dessus,
Chap. I V, à quatre sols neuf deniers &
quarante-six soixante-douzièmes de denier
de notre Monnoie, le *maravadis* d'or doit
être ici liquidé à dix-neuf sols deux deniers & quarante soixante-douzièmes de de-
nier de ladite Monnoie, ci . . . $19^{ſ.}$ $2^{\text{d.}}$ $\frac{40}{72}$

On a cru devoir rapporter ici l'une &

l'autre de ces liquidations du *maravadis* d'or, quoique différentes l'une de l'autre de plus que de moitié, parce que s'il se présente le cas de devoir liquider cette Monnoie, si la liquidation aura pour objet une stipulation anterieure à l'année 1351, le *maravadis* devra être liquidé à 2 $^{liv.}$ 16$^f.$ Si au contraire, la stipulation sera posterieure à l'époque de la Constitution de 1351, la liquidation du *maravadis* devra être faite sur le second pied, c'est-à-dire, à 19$^f.$ 2$^d.$ $\frac{40}{73}$ de denier : & ainsi moyenant la distinction de l'époque du temps, l'une & l'autre liquidation se trouvera juste.

CHAPITRE XII.

Sol d'or, ou sou d'or.

ON a déja observé dans le préambule de ce Recueil, que le *sou* avoit différentes significations, que tantôt il signifioit poids, que tantôt il représentoit la Loi ou le titre de bonté de la matière, & que tantôt enfin il signifioit une Monnoie réelle; & ainsi on croit devoir repeter cette observation, afin de ne jamais confondre la signification du *sou*.

Ici le *fou* d'or eſt une Monnoie réelle anciennement connue, & dont mention eſt faite dans les uſages de Barcelonne.

La valeur de cette Monnoie *fou* d'or, a été déclarée & liquidée à 16^f Barcelonnois de *tern*, par la Conſtitution du Roi Pierre IIIe d'Aragon, rapportée au Chapitre précédent ; par conſéquent, en ſe conformant à cette Conſtitution, & le *fou* Barcelonnois de *tern* ayant été liquidé au Chap. IV. cideſſus, à 4^f 9^d $\frac{16}{72}$ de denier de notre Monnoie, le *fou* d'or multiplié par 16 demeurera liquidé à trois livres ſeize ſols dix deniers & ſeize ſoixante-douzièmes de denier de notre Monnoie, ci 3$^{liv.}$ 16^f 10^d $\frac{16}{72}$

CHAPITRE XIII.

Mancus *d'or*, *au plurier* mancuſſos.

ON a dit auſſi que le mot *mancus* avoit une double ſignification, que tantôt il ſignifioit *poids*, & tantôt Monnoie réelle. On a déja expliqué la premiere ſignification en parlant des poids, & on expliquera ici la deuxième.

Cette Monnoie *mancus* a été connue, & ſe trouve énoncée dans la Conſtitution du Roi Pierre IIIe d'Aragon, compilée dans le volume des Conſtitutions de Catalogne, à la page 531. pour une Monnoie d'or ; mais de l'or au plus bas titre : on appelle l'or de Valence au plus bas titre, après ladite Conſtitution, puiſque l'once de l'or le plus fin y étant deſigné par le titre de 28 *ſous*, l'or de Valence n'y eſt porté qu'au titre de 8 *ſous* l'once.

Le *mancus* d'or de Valence eſt liquidé par cette Conſtitution à ſeize deniers Monnoie Barcelonnoiſe de *tern* ; par conſéquent, ſuivant cette même Conſtitution, le *ſou* de *tern* étant liquidé à $4^{ſ.}$ $9^{d.}$ $\frac{46}{72}$ de denier de notre Monnoie, la valeur du *mancus* d'or doit être ici liquidée à ſix ſols quatre deniers & ſoixante-un ſoixante-douzième de denier, ci . . . . $6^{ſ.}$ $4^{d.}$ $\frac{61}{72}$

CHAPITRE XIV.

Monnoie Toulouſaine.

CETTE Monnoie Toulouſaine a été reçue au Commerce en cette Province de Rouſſillon ; les Ordonnances des premiers Août 1300, 3 des Nones d'Avril 1301. & 16 des Cal. de Juin 1350, qui ſont enregîtrées au Livre d'Ordinations de $N^{o.}$ 1. des Archives de la Maifon de Ville, à *fol.* 11, 12, 13; fourniffent la preuve du cours de cette Mon‑ noie ; l'Ordonnance de 1300, fur tout, s'explique bien clairement, puifqu'elle s'é‑ nonce en ces termes, *Moneta Tolofanorum.*

Il y avoit dans ce même temps deux ef‑ pèces de cette Monnoie Touloufaine, l'une étoit appellée d'argent, & l'autre Toulou‑ faine noire, c'eft‑à‑dire, de deux diffé‑ rentes valeurs.

La Monnoie Touloufaine noire eft liqui‑ dée par l'Ordonnance de 1301, en cette forme ; favoir, que le *toron*, (efpèce de Monnoie Touloufaine, en latin *toronenfis*,) Molgolonois, feroit reçu au Commerce pour 14 deniers Touloufains, & la Monnoie Touloufaine d'argent eft liquidée par la mê‑ me Ordonnance en cette autre forme ; favoir, qu'un *toron* d'argent, en latin *toronenfis*, feroit reçu au cours pour feize deniers Bar‑ celonnois : c'eft encore l'Ordonnance de 1350, qui la liquide ainfi ; mais l'Ordon‑ nance de 1300, liquide plus clairement cet‑ te Monnoie, en ce qu'elle ordonne qu'une dette de 23 f. Touloufains, feroit valablement acquittée pour vingt fols Barcelonnois, & une dette de 23 liv. Touloufaines, feroit va‑ lablement acquittée pour 20 liv. Barcelon‑

noifes, & ce par rapport aux dettes déja
contractées jufqu'au jour & date de ladite
Ordonnance ; car pour les autres dettes à
contracter par la fuite, cette Ordonnance
difpofe que 24$^{f.}$ 6$^{d.}$ Touloufains, pourront
être acquittés pour 20$^{f.}$ Barcelonnois , &
24$^{liv.}$ 10$^{f.}$ Touloufains, pour 20$^{liv.}$ Barcelonnois ; mais comme on pourroit dire que
ce furcroit de valeur, par rapport aux dettes futures, avoit été donnée à la Monnoie
Barcelonnoife pour la favorifer d'avantage
dans le Commerce, & que par conféquent
elle lui étoit extrinfeque, on ne fera point
compte ici de ce furcroit de valeur, & on
fe contentera de dire que la livre Barcelonnoife étoit plus forte de trois fols Touloufains, que la livre Touloufaine. Sur ce
pied, en comparant les 20$^{f.}$ Barcelonnois
avec les 23$^{f.}$ Touloufains, cette livre Touloufaine demeurera liquidée à cinquante-
fept fols onze deniers & demi de notre Mon-
noie courante, ci . . . . . . 2$^{liv.}$ 17$^{f.}$ 11$^{d.}$ $\frac{1}{2}$

Et conféquemment, que le fol Touloufain
d'argent, 20$^{e.}$ partie aliquote de la livre,
doit être liquidé à deux fols dix deniers
& quatre cinquièmes, ci . . . . . . 2$^{f.}$ 10$^{d.}$ $\frac{4}{5}$

Et le denier Touloufain d'argent, à

deux deniers & dix douzièmes & demi de denier; mais comme cette fraction ne sauroit être admise pour un seul denier, on le liquidera, par rapport à lui seulement, à trois deniers, ci . . . . 3$^{d.}$

Et conséquemment aussi, le *toron* d'argent de cette Monnoie, qui, suivant l'Ordonnance de 1301 avoit cours pour 16$^{d.}$ Barcelonnois, demeure liquidé à quatre sols cinq deniers & un tiers de denier de notre Monnoie, ci . . . . 4$^{f.}$ 5$^{d.}$ $\frac{1}{3}$

Il falloit à deux deniers près, treize *torons* pour faire la livre Touloufaine.

Refte à préfent à liquider la Monnoie Touloufaine noire; ce qui fera aifé à faire, après ce qu'on vient de dire de la Monnoie Touloufaine d'argent.

L'Ordonnance de 1301, doit fervir de bafe à cette liquidation. Il eft dit par cette Ordonnance, que le *toron* de cette Monnoie, en latin *toronenfis*, étoit au cours dans le Commerce pour 14$^{d.}$ Touloufains. Or le denier Touloufain ayant déja été liquidé, ci-deffus, à deux deniers & dix douzièmes & demi de denier de notre Monnoie, en multipliant cette liquidation par 14, le *toron* de cette Monnoie Touloufaine noire, demeure liquidé à trois fols trois deniers

&

& deux tiers de denier de notre Monnoie, ci . . . . $3^{f.}$ $3^{d.}$ $\frac{2}{3}$

Si donc le *toron* fait la $13^{e.}$ partie de la livre, Monnoie Touloufaine, la livre de cette Monnoie Touloufaine noire, doit être liquidée à deux livres deux fols onze deniers & deux tiers de denier de notre Monnoie, & fans fraction à, ci . . . . $2^{liv.}$ $3^{f.}$ $0^{d.}$

Conféquemment le fol de cette Monnoie, $20^{e.}$ partie aliquote de la livre, doit être liquidée à deux fols un denier & quatre cinquièmes de denier de notre Monnoie, & fans fraction à, ci . . . . $2^{f.}$ $2^{d.}$

Et le denier de cette même Monnoie Touloufaine noire, demeurera liquidé à deux deniers & un fixième de denier de notre Monnoie, & fans fraction à, ci . . . $2^{d.}$

Cette Monnoie Touloufaine de l'une & de l'autre efpèce, fut comme décriée par l'Ordonnance de 1350, ci-deſſus rapportée ; par laquelle il fut fait inhibitions & défenfes de contracter autrement qu'en Monnoie Barcelonnoife.

H

CHAPITRE XV.

Maimondine.

LA *maimondine* eſt une Monnoie très-ancienne ; on la trouve ſtipulée par maniere de Cenſive ou Redevance Seigneuriale , dans diverſes Chartres d'anciens titres ; mais comme ces actes ne font nulle mention de la valeur de cette Monnoie, on ne les rapportera point ici, & on n'y parlera que de ceux qui peuvent ſervir à la liquidation de la Monnoie, puiſque c'eſt-là l'unique objet qu'a eu en vue l'Auteur de ce Recueil.

Le contrat de la vente de la Terre & Seigneurie du *Mas de la Garriga ,* appellé de *font cuberta ,* du 9 Juin 1433, dans lequel eſt joint un titre Royal du 5 des Ides de Juillet 1306, fournit une preuve de la ſtipulation de cette Monnoie *maimondine ,* & d'ailleurs matière à ſa liquidation. Par cet acte qui fut retenu par Jean Belero, Notaire, Bernard Albert, Chevalier, vendit à Raymond de Fontcuberta, un Domaine avec Juſtice, appellé *Mas de la Garriga ,* dans lequel ſe trouvoit une portion qui relevoit de la Directe de Pierre Bocanova, fous la Cenfive & Redevance Seigneuriale d'une *maimondine* d'or; laquelle eft liquidée par cet acte à fix fols trois deniers Monnoie Barcelonnoife.

La ftipulation de ce contrat fait affez clairement comprendre , que les 6 $^{f.}$ 3 $^{d.}$ Barcelonnois , auxquels la *maimondine* eft appréciée, font parties aliquotes de la livre & du fol de la Monnoie Barcelonnoife; & ainfi on doit dire que, conformément au fufdit acte, la *maimondine* d'or qui y eft ftipulée, doit être liquidée à vingt fols dix deniers de notre Monnoie, ci. 1 $^{liv.}$ 0 $^{f.}$ 10 $^{d.}$

On croit , mais avec fondement , que cette Monnoie a fouffert fes viciffitudes , fes alterations & fes diminutions; & ainfi pour bien & juftement procéder à fa li-quidation, il faudroit avoir en main le titre primordial qui en defignat la valeur , ou au moins le poids & le titre de la matière.

Mais à défaut de ce, on rapportera ici l'Ordonnance de 1305 , enregîtrée à *fol. 13.* du Livre d'Ordinations , $N^{o.}$ 1 $^{er.}$ des Ar-chives de la Maifon de Ville.

Cette Ordonnance a reconnu deux efpèces de cette Monnoie *maimondine*; favoir, la *mai-mondine* fimple & la *maimondine* double : la premiere y eft appréciée à cinq fols Barcelonnois, & la 2ᵉ à dix fols Barcelonnois : or, comme fans contredit ce titre doit prevaloir à l'acte de 1433, qui ne contient qu'une ftipulation entre particuliers, & nullement rien de decifif pour le public, on croit devoir faire la liquidation de cette Monnoie, conformément à lad. Ordonnance ; par conféquent on liquide la *maimondine* fimple à feize fols huit deniers de notre Monnoie courante, ci 16ᶠ 8ᵈ

Et la *maimondine* double à trente-trois fols quatre deniers, ci 1ˡⁱᵛ 13ᶠ 4ᵈ

CHAPITRE XVI

Sterling.

ON n'a pas connu le *fterling*, comme une Monnoie de cours dans cette Province ; on croit même que c'eft une Monnoie étrangere ; mais cependant on la trouve ftipulée, comme Cenfive ou Redevance Seigneuriale dans des contrats de fiefs & d'amphiteofe ; & ainfi cela feul fuffit pour exciter la curiofité, ou même la neceffité d'en chercher la valeur & la liquidation.

Parmi les différens actes auxquels cette Monnoie eft ftipulée, eft un contrat d'échange entre l'Économe du Couvent de Sᵗᵉ Claire & le Commandeur de la Merci de Perpignan, en date du 3 des Ides de Février 1277, gardé aux Archives de S[te.] Claire, dans lequel il eft dit que le *fterling* eft une Monnoie d'argent, *boni argenti*, & que neuf *fterlings* valoient trois fols molgolonois.

L'Ordonnance de 1305, rapportée au Chapitre précédent, déclare que la valeur du *fterling* eft le tiers du fol molgolonois; par conféquent ce font-là deux titres conformes pour la liquidation de cette Monnoie.

Après ces deux titres, & après avoir démontré dans le Chapitre III. que le fol molgolonois, fuivant fa valeur intrinfeque, valoit huit fols de notre Monnoie, on n'hefitera pas un moment à liquider la valeur du *fterling*, fuivant fa valeur intrinfeque, à deux fols huit deniers de notre Monnoie, ci . . . . 2[f.] 8[d.]

Et fuivant fa valeur extrinfeque, fur les taux que l'argent matière eft aujourd'hui à, ci . . . . 5. 5. $\frac{1}{5}$

CHAPITRE XVII.

Monnoie de Billon, fizens *ou* quartillos.

C'Est ici la place où par le Chapitre VII, on a renvoyé de parler de cette efpèce de Monnoie Perpignanoife de Billon, *fizens* ou *quartillos*.

Les efpèces réelles de cette Monnoie étoient de cuivre; l'une étoit appellée *real* ou *fizen*, c'eft-à-dire, la 6ᵉ partie de la livre, & l'autre étoit appellée *quartillo*, parce qu'elle faifoit le quart du *real*. La valeur du *real* étoit de fix deniers de notre Monnoie, & celle du *quartillo* étoit d'un denier & demi de notre Monnoie. Quoique cette Monnoie foit décriëe depuis l'année 1654, néanmoins les payfans & le commun du public en confervent encore une idée confufe, & appliquent la valeur de ces vieilles efpèces de *real* & *quartillo* de Billon à notre petite Monnoie courante; en forte que pour parler de fix deniers de notre Monnoie, ils s'énoncent par le terme de quatre *quartillos*, & pour exprimer un fol & demi de notre Monnoie courante, ils s'énoncent par le terme de trois *reals* de *quartillos*. Bien plus, malgré le decri, cette Monnoie eft encore préfentement & journellement au Commerce, fi non réellement, au moins dans l'imagination & dans l'idée; car tous les Charbonniers, foit de la Province ou des Provinces voifines, ne font la vente de leurs charbons qu'en cette Monnoie de Billon. Qu'on demande à un Charbonnier à quel prix il veut vendre le quintal de fon charbon, il répondra qu'il le vend à 8, ou 9, ou 10, ou 11, ou 12 ˡⁱᵛ· le quintal, c'eſt-à-dire, à 24, ou 27, ou 30, ou 33, ou 36 ˡ· de notre Monnoie le quintal, & c'eſt fur le même ton que l'acheteur marchande; l'un & l'autre des contraétans tenant pour fûr, que trois fols de notre Monnoie valent la livre de la Monnoie dont ils contraétent, qui eſt effeétivement celle de Billon, *fizens* ou *quartillos*, dont les 6 *fizens* ou *reals*, (qui fignifient même choſe,) compofent la livre. Ce qu'il y a de particulier dans ce fait, c'eſt que perfonne ne fe meprend dans cette maniere de contraéter & de compter la valeur de la livre qu'ils y ftipulent, à raifon de 3 ˡ· de notre Monnoie, tant ce Commerce eſt trivial & ufité, fans cependant qu'on fache que le contrat eſt fait en Monnoie de Billon qui n'eſt plus au cours, de laquelle les 6 *reals*, dont la livre étoit compofée, ne valent que 3 ˡ· de notre Monnoie.

Cette Monnoie de Billon, quoique qualifiée Perpignanoife, a eu cours, non feulement en Rouffillon mais encore en Catalogne; & foit que l'intérêt de l'État ou les néceffités publiques l'exigeaffent ainfi, les efpèces réelles de cette Monnoie étoient reçues au cours , pour la même valeur des efpèces de Monnoie d'argent dans l'une & l'autre Province ; en forte qu'une livre Monnoie de Billon , qui dans fa valeur intrinfeque n'étoit que de 3 ſ. de notre Monnoie, étoit comptée, payée & reçue pour 6 *reals* d'argent, ce qui reviendroit à 40 ſ. de notre Monnoie : & confequemment toutes dettes auparavant contractées en bonne Monnoie d'argent, fous la ftipulation de livres, étoient valablement acquittées en Monnoie de Billon, en payant pareille quantité de livres Monnoie de Billon, qu'il y en avoit de ftipulée dans le contrat d'obligation, en bonne Monnoie d'argent.

L'alteration exorbitante de cette Monnoie, qui portoit le trouble & la confufion dans le Commerce, fut la caufe impulfive de fon decri & de fon abolition, laquelle fut ordonnée par l'Édit du 15 Septembre 1654 ; en conféquence duquel fut rendu l'Arrêt du Confeil Royal, du premier Juillet 1655 , qui ordonne que toutes obligations contractées dans le temps du cours de ladite Monnoie de Billon, dans lefquelles les fommes y contenues avoient été ftipulées en livres, qui n'eft point Monnoie réelle, mais bien imaginaire, fuffent fujet-
tes

tes à reduction, ayant toujours égard à la valeur intrinsèque de l'espèce de la Monnoie réelle au temps du contrat.

Il étoit absolument nécessaire pour donner une forme à cette operation arithmetique, de fixer une base & fondement stable; aussi c'est par cette raison que le Conseil Royal, après avoir déclaré que la pistole d'or, (qui étoit de 35 de taille au marc,) ne valloit anciennement que 28 *reals*, c'est-à-dire, neuf livres six sols huit deniers de notre Monnoie, demeureroit fixée dans sa valeur intrinseque à 32 *reals*, c'est-à-dire, à dix livres treize sols quatre deniers de notre Monnoie; & ce seroit sur ce pied qu'il faudroit proceder aux reductions de la Monnoie de Billon. Cette fixation étoit nécessaire, parce que c'étoit moins la Monnoie de Billon que la pistole d'or, en elle-même, qui avoit souffert des alterations extraordinaires, puisque sa valeur avoit été portée jusques à quatre cens vingt *reals*, qui rendroient aujourd'hui cent quarante livres de notre Monnoie.

Le Conseil Royal estima qu'il étoit nécessaire d'arrêter, par son Arrêt du premier Juillet 1655, un Tarif contenant les différentes alterations & diminutions qu'avoit

I

fouffert la piftole ; & c'eft auffi ce même Tarif, qu'on a cru devoir tranfcrire ici tout au long & le reproduire tout de nouveau, pour en donner connoiffance à ceux qui n'en ont point, & autrement pour fervir & valoir ainfi qu'il appartiendra.

TARIF.

Ou déclaration des différens prix ou valeur qu'a eu la Monnoie, tant en Catalogne qu'en Rouffillon, depuis l'alteration qu'à fouffert la Monnoie, jufques au temps préfent ; de laquelle alteration mention eft faite dans l'Édit de Septembre 1654, & Arrêt du Confeil, du premier Juillet 1655.

1 6 4 0.

EN l'année 1640 & plufieurs années auparavant, la *doble* ou piftole d'or, a valu vingt-huit *reals*, ci . . . . 28 Reals.

1 6 4 1.

Dans le cours de l'année 1641, la piftole a valu en Catalogne 33 *reals*, & en Rouffillon & Cerdagne trente *reals*, ci 30

1 6 4 2.

En l'année 1642, aux mois de

Janvier, Février, Mars, Avril, Mai, Juin, Juillet & Août, la piſtole a valu en Catalogne trente - trois *reals*, & en Rouſſillon & Cerdagne trente *reals*, ci . . . . 30 Reals.

Et aux mois de Septembre, Octobre, Novembre & Décembre, a valu en Catalogne & Rouſſillon trente - cinq *reals*, ci 35

1 6 4 3.

En l'année 1643, aux mois de Janvier, Février & Mars, la piſtole a valu trente - cinq *reals*, ci 35

En Avril, Mai & Juin, trente-ſix *reals*, ci 36

En Juillet, Août & Septembre, trente - ſept *reals*, ci 37

En Octobre, Novembre & Décembre, trente - huit *reals*, ci . . . 38

1 6 4 4.

En l'année 1644, aux mois de Janvier, Février & Mars, la piſtole a valu trente - neuf *reals*, ci . 39

En Avril, Mai & Juin, quarante *reals*, ci 40

En Juillet, Août & Septembre, quarante - un *real*, ci 41

En Octobre, Novembre & Décembre, quarante - deux *reals*, ci . 42 ^{Reals.}

1 6 4 5.

En l'année 1645, au mois de Janvier, la piftole a valu quarante-deux *reals*, ci 42

En Février, quarante - quatre *reals*, ci 44

En Mars, Avril, Mai & Juin, quarante - cinq *reals*, ci 45

En Juillet & Août, quarante - fix *reals*, ci 46

En Septembre, quarante - huit *reals*, ci. 48

En Octobre, Novembre & Décembre, cinquante *reals*, ci . . . 50

1 6 4 6.

En l'année 1646, aux mois de Janvier, Février, Mars, Avril & Mai, la piftole a valu cinquante *reals*, ci 50

En Juin, cinquante - un *real*, ci 51

En Juillet & Août, cinquante-deux *reals*, ci 52

En Septembre, cinquante - cinq *reals*, ci 55

En Octobre, Novembre & Décembre, cinquante - fix *reals*, ci . 56

1 6 4 7.

En l'année 1647, aux mois de

Janvier , Février , Mars , Avril ,
Mai , Juin , Juillet, Août, Septembre & Octobre, la piftole a válu
cinquante - fix *reals* , ci . . . . 56 ^{Reals.}

En Novembre 1647, cinquante-
huit *reals* , ci 58

En Décembre, foixante *reals* , ci 60

1 6 4 8.

En l'année 1648 , aux mois de
Janvier , Février , Mars , Avril ,
Mai , Juin & Juillet , la piftole a
valu foixante *reals* , ci 60

En Août, foixante - deux *reals* , ci 62

En Septembre & Octobre, foi-
xante - trois *reals* , ci 63

En Novembre & Décembre, foi-
xante - fix *reals* , ci 66

1 6 4 9.

En l'année 1649 , aux mois de
Janvier, Février & Mars, la pif-
tole a valu foixante - quinze *reals*, ci 75

En Avril, foixante-feize *reals*, ci 76

En Mai , Juin , Juillet, Août &
Septembre , quatre - vingt *reals* , ci 80

En Octobre & Novembre, quatrevingt - deux *reals* , ci 82

En Décembre, quatre-vingt-qua-
tre *reals* , ci 84

1 6 5 0.

En l'année 1650 , au mois de
Janvier , la piſtole a valu quatre-
vingt - quatre *reals* , ci . . . . . . 84 Reals.

En Février , quatre - vingt - cinq
reals , ci 85

En Mars , quatre - vingt - ſept
reals , ci 87

En Avril, ſoixante-quinze *reals*, ci 75

En Mai , quatre.- vingt - quinze
reals , ci 95

En Juin & Juillet, quatre-vingt-
dix - huit *reals* , ci 98

En Août , quatre - vingt - douze
reals , ci 92

En Septembre , quatre - vingt-
quatorze *reals* , ci 94

En Octobre , quatre - vingt - ſeize
reals , ci 96

En Novembre & Décembre , cent
reals , ci 100

1 6 5 1.

En l'année 1651 , aux mois de
Janvier & Février , la piſtole a
valu cent cinq *reals* , ci 105

En Mars, cent dix *reals* , ci . 110

En Avril, cent huit *reals* , ci 108

En Mai, & Juin cent trente *reals*, ci 130

En Juillet, Août, Septembre , Octobre & Novembre, cent vingt *reals* , ci . . . . 120 Reals.

En Décembre de ladite année 1651 , cent trente *reals*, ci . . . 130

1 6 5 2.

En l'année 1652 , aux mois de Janvier & Février, la piſtole a valu cent cinquante *reals* , ci . . 150

En Mars , Avril & Mai, cent cinquante - cinq *reals* , ci 155

En Juin , Juillet, Août & Septembre, cent ſoixante - dix *reals* , ci 170

En Octobre & Novembre, cent ſoixante - cinq *reals* , ci 165

En Décembre , cent ſoixante-dix *reals* , ci 170

1 6 5 3.

En l'année 1653 , aux mois de Janvier & Février , la piſtole a valu deux cens *reals* , ci 200

En Mars & Avril, cent quatrevingt - dix *reals* , ci 190

En Mai, Juin & Juillet, deux cens quarante *reals* , ci 240

En Août , deux cens cinquante *reals* , ci 250

En Septembre , deux cens ſoixante - quinze *reals* , ci . . . . . . 275 ^{Reals.}

En Octobre , Novembre & Décembre de ladite année 1653 , trois cens *reals* , ci 300

1 6 5 4.

En l'année 1654 , aux mois de Janvier & Février, la piftole a valu deux cens quatre-vingt-dix *reals* , ci 290

En Mars & Avril , deux cens quatre - vingt - quinze *reals* , ci . 295

En Mai , Juin & Juillet , trois cens *reals* , ci 300

En Août , trois cens cinq *reals*, ci. 305

En Septembre , Octobre , Novembre & Décembre , trois cens vingt *reals*, ci 320

1 6 5 5.

En l'année 1655 , au mois de Janvier , la piftole a valu trois cens vingt *reals*, ci 320

En Février , trois cens vingt-cinq *reals*, ci 325

En Mars, trois cens trente *reals*, ci. 330

En Avril , trois cens cinquante *reals*, ci 350

En Mai , quatre cens *reals*, ci . . 400

Et en Juin , quatre cens vingt *reals*, ci 420

Nota,

Nota, tout le fufdit doit être entendu, en faifant compte de la piftole avec la Monnoie de Billon; car en faifant compte en *reals* d'argent, Monnoie réelle, la piftole eft appréciée & taxée à trente-deux *reals* d'argent. En telle forte que d'aujourd'hui en avant, foit en Catalogne, foit en Rouffillon & Cerdagne, la piftole d'or ne puiffe être prife ou reçue à une moindre valeur, ni donnée à une plus grande valeur que de trente-deux *reals* d'argent; mais fi la piftole eft négociée en Monnoie de *fizens* ou *quartillos*, qu'elle puiffe être donnée & reçue fur le pied de la valeur qu'elle aura au cours.

Ce font-là les mêmes termes & les mêmes expreffions du Tarif de ladite Monnoie de Billon, arrêté par l'Arrêt de 1655, fidélement & littéralement rendu de catalan en françois.

Après avoir donc démontré ce que c'étoit que la Monnoie de Billon, dans le temps qu'elle étoit au cours, & les viciffitudes & alterations qu'elle a fouffert, il ne refte qu'à donner, ainfi qu'on l'a promis, la démonftration & la forme de procéder à la réduction de cette Monnoie; mais avant que d'en venir-là, on doit faire une obfervation effentiellement néceffaire.

K

L'Arrêt de 1655 doit fervir de bafe & de fondement de cette réduction; cet Arrêt fixe la valeur de la piftole d'or à trente-deux *reals*, ce qui revient à dix livres treize fols quatre deniers de notre Monnoie; cependant la difpofition de cet Arrêt nonobftant, la piftole, a été toujours reconnue, reçue & ftipulée du depuis pour trente - trois *reals*, ce qui revient à onze livres de notre Monnoie. Tous les Actes paffés dans cette Province, font autant de preuves du cours & ftipulation de la piftole à trente - trois *reals* : toutes les Encheres auxquelles les offres ont été faites en piftoles, ont été publiées à raifon de trente - trois *reals* la piftole; enfin, l'ufage commun & public dans le Commerce, a toujours été depuis l'Arrêt de 1655, de ftipuler, bailler & recevoir la piftole à raifon de trente - trois *reals*. Bien plus, toutes les réductions de cette Monnoie qui ont été faites jufques-ici, ont été faites fur le pied de trente-trois *reals* de valeur intrinfeque de la piftole; ces réductions ainfi faites, ont été reçues dans toutes les Jurifdictions & dans tous les Tribunaux de la Province, & elles ont été adoptées par le Confeil Souverain, qui y a rendu divers Arrêts en conféquence.

Que faire donc après cette contrariété? Donnera-t'on la regle de la réduction fur le pied de trente-deux *reals* à la piftole? Ce fera à la vérité fatisfaire à la difpofition de l'Arrêt de 1655; mais ce fera auffi contredire un ufage public & conftamment reçu; ce fera vouloir bouleverfer toutes les précédentes réductions qui ont été faites fur le pied de trente-trois *reals* à la piftole, & ce fera enfin vouloir contredire tous les Jugemens, Sentences & Arrêts qui ont admis les précédentes réductions faites fur le pied de trente-trois *reals* à la piftole.

Dans cette perplexité on a taché de découvrir d'où provenoit cette difformité, entre la difpofition de l'Arrêt de 1655 & l'ufage contraire; on a eu recours à l'original de l'Arrêt, mais inutilement, car tous les papiers du Confeil Royal ont été tranfportés aux Archives du Sénat de Catalogne, & il n'eft refté en Rouffillon que des exemplaires imprimés de cet Arrêt de 1655.

On prefume que cette difformité peut provenir de quelque faute commife dans l'extrait de l'Arrêt ou dans l'impreffion des exemplaires, & qu'au lieu d'avoir écrit ou imprimé trente-trois *reals*, on aye écrit ou imprimé trente-deux *reals*; mais quoiqu'il en foit de cette préfomption, ou bien ou mal fondée, on eftime que l'ufage public, général & univerfel doit prévaloir à la difpofition de l'Arrêt, quand bien même cet ufage auroit été erroné dans fon introduction, puifqu'il eft conftant qu'une erreur publique fait loi ; mais principalement dans cette circonftance, qu'outre que l'original de l'Arrêt ne fe trouve point, l'ufage contraire fe trouve autorifé par nombre de Sentences & d'Arrêts d'une Cour Souveraine. C'eft donc, conformément à l'ufage public, de reconnoitre la valeur intrinfeque de la piftole à trente-trois *reals*, qu'on va donner la regle de l'operation arithmétique pour la réduction de la Monnoie de Billon.

REGLE
Pour la réduction de la Monnoie de Billon.

CETTE réduction doit être faite par la Regle de Trois fimple, en multipliant la fomme qu'on veut réduire, par la valeur intrinfeque de la piftole, & puis divifer cette multiplication par la valeur extrinfeque ; c'eft-à-dire, par le nombre de *reals* dont étoit compofée la piftole, au temps que la fomme qu'on veut réduire fut déduite en contrat, & ce qui refultera au quotient de cette divifion, fera livres Monnoie de Perpignan d'argent de fix *reals* d'argent la livre : on dit livres de fix *reals* d'argent, parce que la fomme qu'on veut réduire a été ftipulée en livres de fix *reals* à la livre. L'exemple qu'on va donner le demontrera aifement.

Mille livres furent déduites en contrats au mois de Novembre ou Décembre 1648, auxquels mois la piftole valoit 66 *reals*. On demande à quelle fomme, Monnoie de Perpignan de fix *reals* d'argent la livre, doivent être réduites les mille livres du contrat.

Sur cette demande on forme cette autre qui forme la Regle.

Si à . . 66 $^{Reals.}$ . . 1000 $^{liv.}$ . . combien à 33 $^{Rls.}$

Multiplication . . . . 1000 $^{liv.}$

$$\begin{array}{r} 33. \\ \hline 3000. \\ 3000. \\ \hline 33000 \text{ liv.} \end{array}$$

Divifion . . . . . . 33000. ⌐ Quotient.
⌐ . . . 500. livres.

Le refultat au quotient eft de 500 ^{liv.} Monnoie de Perpignan, de fix *reals* d'argent à la livre.

On fuppofe ici qu'on aura toujours à faire à des perfonnes un peu verfées dans l'arithmétique, & qu'ainfi elles n'auront pas befoin qu'on leur explique, que fi dans la premiere operation le compte ne fe trouve point rond, qu'il faudra en venir à une feconde & même à une troifième; c'eft-à-dire, qu'il faudra multiplier par 20 les figures qui feront reftées après la premiere operation pour en faire des *fols*, & puis par 12 celles qui feront reftées après la feconde operation pour en faire des *deniers*, & divifer toutes ces multiplications par 66, & ce qui refultera au quotient de ces feconde & troifième operation, fera des *fols* & des *deniers* de la même Monnoie de Perpignan.

Je déclare que dans tous les foins & les peines que je me fuis donné pour faire toutes ces récherches, je n'ai eu d'autre vue que celle de fatisfaire le Public, fi ce n'eft pour l'utile, tout au moins pour le curieux; & ainfi je prie mes chers Confréres de faire encore d'autres recherches, & de recueillir tous les titres des autres vieilles Monnoies, fi quelqu'unes ils en trouvent déduites en contrat, afin qu'après moi, quelqu'un d'eux mieux inſtruit & plus verſé que moi dans l'art de bien écrire , puiſſe augmenter ce Recueil & le perfectionner, & donner par-là au Public un témoignage autentique de l'amour & du zéle que nous lui devons.

Signé , B O S C H , *Notaire.*

---

*L*E *Recueil ci-deſſus, ne pouvant être que très-utile aux Habitans du Rouſſillon, intéreſſés à avoir des Regles ſures pour connoître la valeur des eſpèces, & comparer les anciennes avec celles qui ont cours aujourd'hui; Nous Premier Préſident & Intendant de Rouſſillon en avons permis & permettons l'impreſſion. FAIT à Perpignan le 23 Juillet 1771.*

Signé , B O N.

ARREST

DU CONSEIL ROYAL

De la Principauté de Catalogne, & des Comtés de Rouſſillon & de Cerdagne, ſéant à Perpignan.

Du premier Juillet mil ſix cens cinquante-cinq.

Qᴜɪ ordonne la réduction de la Monnoie de *Billon*.

 *R A ojats queus notifican y fan aſſaber de part del Sereniſſim Senyor* ARMAND DE BOURBON *, Princep de Sanc, y Princep de Conty, Par de França, Gouvernador y Lloctinent General de la Provincia de Guiena, y del Concell de ſa Majeſtat, y ſon Lloctinent y Capita General en lo principat de Catalunya, y Comtats de Roſſello y Cerdanya, que inſeguint la concluſio en lo Sacre Real Concell juntas las tres Salas, feta al primer del corrent mes de Juliol, la qual fidelment traduhida de ſon original llati en vulgar Cathala es del thenor ſeguent.*

En lo die primer del mes de Juliol any de la Nativitat del Senyor mil ſis cents
ſinquanta-

finquanta - finch, en la Vila de Perpinya,
en lo Real Concell juntas las tres Salas, pre-
fidint en ell lo molt Illuftre y molt Reverent Senyor Don Llorens de Barutell Canceller , hi afliftiren los Magnifichs Doctors
y Reals Concellers feguents. Lo egregi
Comte Regent, Jofeph Queralt, Don Phelip
de Capons y Tamarit , Francifco Marti ,
Vila - Damor Advocat Fifcal , Jaume-Fran-
cefch Roger , Nicolau Manalt , y Vicens
de Viladomar.

En lo fet de la propoficio feta per lo
dit molt Illuftre y molt Reverent Canceller
acerca del valor cada die variat , y may
permanent de las monedas corrents en lo
Principat de Cathalunya , y Comtats de
Roffello y Cerdanya , y acerca de las pagas fahedores ab las mateixas monedas de
tots y qualfevols debits , fegons la difpoficio del Real Edicte y Crides , infeguint la
conclufio del Sacre Real Concell promulga-
des en la Vila de Figueres als quinze de
Septembre any mil fis cents finquante-quatre.
Que com ab lo mencionat Edicte no fe pro-
vehefca à tots los cafos , y dubtes que cada
die fe forman , acerca del dit valor de las
monedas y pagas dels debits , antes be fobre
las cofas ja provehides en dit Edicte encara

L

fe fufciten controverfies : y ayxi ames de
la bona adminiftracion de la Jufticia convinga en gran manera al eftat de la Republica per la neceffitat del commers, que
altrament fens dupte fe perdria, decernir
una declaracio de dret certa, ftable, y irre-
fragable fobre lo dit valor de las monedas
corrents y fobre de las pagas fahedoras de
tots y qualfevols debits, per la qual declara-
racio de dret ygual, y faludablement fe
done lo degut remey als negocis publichs
y particulars. Perço fos provehida la dita
declaracio de dret, fobre de la qual lo Concell deliberas lo que fe ha, y deu refolrer.

Y per lo Concell, confiderat lo negoci
madurament, y difcutit, y examinat une y
moltes vegades en punt de dret, y de equitat, fe ha concluit en la manera feguent.

Attes que per certiffima difpoficio de dret,
ara fia lo debit de pecunia imaginaria ço es
que fe dega una lliura (perque no y ha nin-
guna fpecie de moneda ques diga lliura fino
que deu reals fan una lliura Barcelonefa,
y fis reals une lliura de Perpinya) ara fia
lo deute de pecunia en certa fpecie de moneda, ço es que fe dega una dobla de or;
ara fia lo debit de una maffa principal, ara
fia de las ufuras licitas que fegueyxen la

naturaleza de la maſſa principal ; ſempre ſe ha, y deu attendrer al valor y eſtimacio intrinſeca de la moneda que era en lo temps del contraƈte, ò, de qualſevol altre diſpoſicio, ò, ſia diſpoſicio de Home, ò, de Lley; ab eſta ſola differencia, que quant ſe deu la pecunia en ſpecie, lo debitor no te eleccio alguna de moneda en lo pagat, ſino que deu pagar la mateyxa ſpecie en qualitat, pes, y numero que era en lo temps del contraƈte, ò, de la diſpoſicio : empero quant ſe deu la pecunia imaginaria, lo debitor te eleccio de pagar ab qualſevol ſpecie de moneda corrent, ab que ſe tinga ſempre reſpeƈte al valor, y eſtimacio intrinſeca de la moneda en lo temps del contraƈte, ò de la diſpoſicio, com per exemple : en lo any mil ſis cents quaranta, una lliura Barceloneſa fonch poſada en obligacio, en lo qual temps deu reals de plata en ſon valor intrinſech conſtituïen la dita lliura Barceloneſa, y igualment deu reals de moneda de Bello en ſon valor extrinſech conſtituïen la mateixa lliura : la paga del dit deute de una lliura era fahedora en lo mes de Janer mil ſis cents ſinquanta, en lo qual temps en tant fonch diſminuit lo valor extrinſech de la moneda de Bello corrent, que per

aver deu reals de plata eran menefter trenta reals de la moneda de Bello corrent,
nomenada fifens, fegons la tatxa, ò declaracio baix continuada del valor de la moneda de Bello : lo debitor de la dita lliura
Barcelonefa, perquant ere debitor de pecunia imaginaria, tingué eleccio en lo mes
de Janer mil fis cents finquanta de pagar
ab la fpecie de moneda corrent que volgues,
tenint, empero, fempre refpecte al valor
intrinfech de una lliura del temps de la
obligacio que fonch en lo any mil fis cents
quaranta : y perço fi lo debitor elegi pera
pagar moneda de reals de plata, fatisfeu
pagant deu reals de plata los quals en fon
valor intrinfech conftituhïen, (com fe a
dit) una lliura Barcelonefa en lo any mil
fis cents quaranta : fi empero elegi moneda
de Bello de fifens, agué de pagar trenta
reals de fifens, per quant ab eixa fola
quantitat fe podie en lo mes de.Janer mil
fis cents finquanta alcanfar lo valor intrinfech de deu reals de plata conftituints una
lliura Barcelonefa en lo dit any mil fis cents
quaranta. Lo fobre dit fe funda ab molt
gran raho, perque may fe deu confiderar fi
lo debitor à tingut profit, ò, dany del
aument, ò, diminucio de la moneda, ni fi

la eftimacio extrinfeca à crefcut, ò, difmi-
nuit jufta, ò injuftament, com lo fol inte-
res juft del creditor confiftefca en exhigir
fens profit, ò, dany algu allo que fonch
compres en la obligacio, y perço fempre
fe ha de aver raho del valor intrinfech de
la moneda, y jamay del extrinfech : fino
es en cas que lo dit valor extrinfech fos
eftat expreffament pofat en la obligacio;
per quant altrament may fe prefum que
los contrahents, y difponents penfaffen
la mutacio efdevenidora del valor de las
monedas; ò, fi la penfaren, ja pogueren
acautelarfe pofant en obligacio la pecunia
ab certa fpecie de moneda, en lo qual cas
lo pacte impofat à la obligacio fe ha, y
deu del tot cumplir : altrament fempre es
ver - femblant que penfaren de aquell valor
intrinfech del temps del contracte, ò de la
difpoficio; y perfo la equitat, y raho na-
tural perfuadeixen que fe deu donar tal
effecte à la obligacio, qual penfaren los contrahents, y difponents, pera que altrament
contra llur intelligencia, è intencio, mu-
dantfe lo valor de las monedas, no alcan-
çàs lo profit aquell, que fols pot tractar de
evitar lo dany, y no patis lo dany aquell,
que pot tractar de adquirir lo profit. To-

tas las quals cofas en dret tant manifeftas mayorment profeheixen, ans be per la neceffitat de la utilitat publica deuen obfervarfe ahont es molt frequent, y cafi inevitable la mutacio del valor de las monedas; com ho es de molt temps à efta part en lo Principat de Cathalunya, y Comtats de Roffello, y Cerdanya, per quant à las horas la bondat intrinfeca de las monedas, com à nulla, y inutil, incerta, fallas, y cada dia mudable, no fe pot, ni fe deu confiderar en raho dels commercis, y de altres qualfevols difpoficions, las quals deuen fundarfe fobre una certa, y eficas compenfacio; y per confeguent la fola bondat intrinfeca fe ha, y deu confiderar, ò lo juft corrent valor de aquella bondat intrinfeca, en tant juft en quant es corrent; altrament ab la mateixa confufio, difficultat, ò per millor dir impoffibilitat dels commercis, y altras difpoficions, la Republica fe confondria, y poc à poc deftruyria.

ESTAS, y altras cofas attefas, fe ha concluit, que de vuy en avant tots, y qualfevols debits pecuniaris prefents y efdevenidors, ara fian en maffa principal, ara fian en las ufuras licitas, que fon de la mateixa naturalefa de la maffa principal, ò descendefcan dits debits de contracte, ò de altra qualfevol difpoficio de lley, ò home, fian pagats tenint fempre refpecte al valor, y eftimacio intrinfeca de la moneda en lo temps, y lloch que fe feu lo contracte, ò la difpoficio, fegons la forma del exemple dalt propofat, concedida als debitors la eleccio de pagar ab la fpecie de la moneda corrent que voldran : fino es que certa fpecie de moneda determinadament fia pofada en la obligacio, perque à las horas fe ha, y deu pagar la mateixa fpecie en qualitat, pes, y numero, com era en lo temps, y lloch del contracte, ò de la difpoficio, y de la qual parlaren los contrahents, y difponents. Y confeguentment que en la manera fobredita fian pagadas las penfions de cenfos, cenfals, violaris, arrendaments, y lloguers; las lluycions dels dits cenfals, y violaris, y aixi mateix dels cenfos redimibles ; los preus de las vendas perpetuas; las quitacions de las vendas à carta de gracia; las conftitucions dotals ; las reftitucions dels dots, y dels mutuos, ò empreftis graciofos; los llegats, y altras qualfevols difpoficions teftamentarias, ò de ultimas voluntats; los falaris eftablits per home, lley, eftatut, ò confuetut; finalment las firas dels cambis, y lluycions de aquells.

Y per quant acerca dels cambis fe ha propofat dubte per alguns, fi lo valor, y eftimacio de la moneda fe ha de confiderar, tenint refpecte al temps que los cambis foren deixats per la primera fira, ò be al temps de la ultima fira, pretenents haverfe de attendrer lo temps de dita ultima fira, ab motiu que lo cambi es novat en cada fira, y fe diu un nou contracte. Lo Concell qui jamay fe ataca als fols apices del dret, fino que fempre profeheix ab la fola veritat del fet, y fobre la equitat, encara que realment regonega en cada fira un nou contracte de cambi, empero ha confiderat effer nou per une ficcio de dret, per quant realment lo creditor may ha remburfat, y cobrat la maffa principal, del valor, y eftimacio de la qual en lo temps que fonch deixada per la primera fira penfaren los contrahents, y no de la mutacio del valor en las altras firas : y mes avant ha confiderat, que la equitat no permet, que lo creditor havent deixat lo cambi pera guanyar las ufuras licitas, no fols no las guanye, ans be patefca dany en la mutacio del valor de las monedas, lo qual dany patiria fi lo valor de

aquellas

aquellas fe confiderava fegons lo valor de la ultima fira. Y perço fe ha concluyt, que las firas dels cambis, y lluycions de aquells fe paguen tenint refpeéte al valor, y eftimacio de las monedas del temps en lo qual foren deixats los cambis, per la primera fira. Pero aventhi encara dubte acerca de la llegitima prova del temps en lo qual foren deixats los cambis per la primera fira, en lo cas que nos troben las lletras primerament defpedidas, ni teftimonis, ni aétes auétentichs. Perço fe ha concluyt, que faltant altras llegitimas provas, fobre de aflo fe haja de eftar à la relatio mitjenfant jurament fahedora per los Corredors de Orella de dits cambis, als quals com à Officials publichs y jurats, y per los dits cambis deftinats, y ells morts, à fos llibres, fe ha, y deu donar de dret tota fe y credit.

Y peraque, volent lo Concell ab las declaracions fobre ditas obviar als plets y difpendis, no refte encara caufa de litigar fobre la verificacio del valor, y eftimacio tantas vegadas variada de las monedas : y de dret lo valor, y eftimacio de aquellas fe regule per la moneda mes principal. Perço prefehint madur, y cumplit examen de bons y experts homens, per lo dit fi ajun-

M

tats per lo Concell, y relacio per ells mitjenſant jurament feta del valor, y eſtimacio en tot temps de la dobla de or, la qual es la mes principal moneda, ſegons la tatxa al peu de la preſent concluſio inſertada: ſe ha concluhit que la dita tatxa ſia del tot abraſſada, y ſens contradiccio alguna ſeguida.

Mes avant, peraque en coſa tant juſta, y al eſtat de la Republica ſummament util, ſian llevats als debitors los acoſtumats diffugis: ſe ha concluyt que los dits debitors per qualſevol pretexto que ſia, renitents à eſta concluſio, ò à qualſevol capitol de aquella, los Advocats aconcellant, los Procuradors ſolicitant, los Jutges inferiors ohint, y los Notaris eſcrivint, en qualſevol manera contravenients, incideſcan en las penas del uſatge de Barcelona *judicium in curia datum*, y demes à mes incorran *ipſo jure*, & *facto* la pena (com ara per las horas ſe declara averla incorreguda) de mil lliuras Barceloneſas de bona moneda, à raho de deu reals de plata per cada lliura, irremiſſiblament y encontinent executadoras, de las quals la tercera part al accuſador, y lo reſtant als cofrens Reals de ſa Mageſtat ſe applicara.

Finalment peraque ningu puga allegar ignorancia de las coſas ſobreditas, ſe ha concluyt que de la prefent conclufio fia lliurada copia auctentica à quis vulla la demana, y que fegons la ferie , y thenor de aquella fian expedidas publicas cridas , las quals en la forma acoftumada, y fegons lo eftil, fe publiquen en totas las Veguerias del Principat de Cathalunya , y Comtats de Roffello y Cerdanya.

Perço , y altrament fa Altefa ordena y mana que en tots , y qualfevols pagaments , fens contradiccio , ni replica alguna , fe obferve y execute tot lo contengut , y difpofat en la fobre infertada conclufio del Sacre Real Concell , fots las penas en aquella expreffadas , y altras penas mayors , à arbitre de fa Altefa y Real Concell.

Y peraque ditas cofas vingan à noticia de tothom , y ningu puga allegar ignorancia , mana fa Altefa publicar las prefents publicas cridas per los llochs acoftumats de la prefent Vila de Perpinya , y altras Ciutats , Vilas y Llochs del prefent Principat , y Comtats ahont convinga y menefter fia. Dat en la Vila de Perpinya als fis del mes de Juliol any de la Nativitat del Senyor mil fis cents finquanta-finch.

ARMAND DE BOURBON.

Vt. Comes Regens.

Vt. De Tord & Peguera , Regens Thefaur.

Vt. Marti & Viladamor , Fifci Advocatus.

Jofephus Fita.

TATXA,

O declaracio feta en lo Sacre Real Concell, dels preus y valor ha tingut la moneda, tant en lo Principat de Cathalunia, com en los Comtats de Roffello y Cerdanya, defdel principi de la alteracio de dita moneda fins al temps prefent, de la qual fe fa mencio en las fobreditas cridas.

PRECEHINT Informacio de las perfonas mes expertas, y praticas en la negociacio y cambi de moneda, que unanimes y conformes, defpres de haverho examinat ab tota attencio, han concordat en la tatxa baix continuada: havent ne fet relacio mediant jurament en ma, y poder del molt Illuftre y molt Reverent Canceller. Lo Real Concell ha declarat y declara, que los preus y valor de la moneda defdel principi de la alteracio de aquella, fins al temps prefent, fon de la manera fe fegueix.

En lo any 1640, y de molts anys abans valia la dobla de or, vint y vuyt reals.

En tot lo any 1641, valia la dobla de or, en Cathalunya, trenta-tres reals, y en Roffello y Cerdanya, trenta reals.

En lo any 1642, en los mesos de Janer, Febrer, Mars, Abril, Maig, Juny, Juliol y Agost, valia la dobla de or, en Cathalunya trenta-tres reals, y en Rossello y Cerdanya, trenta reals. En los mesos de Setembre, Octubre, Novembre y Decembre, valia la dobla de or, trenta-sinch reals, tant en Cathalunya, com en Rossello y Cerdanya.

En lo any 1643, en los mesos de Janer, Febrer y Mars, valia trenta-sinch reals, Abril, Maig y Juny, trenta-sis reals, Juliol, Agost y Setembre trenta-set reals, Octubre, Novembre y Decembre trenta-vuyt reals.

En lo any 1644, en los mesos de Janer, Febrer y Mars, trenta-nou reals, Abril, Maig y Juny, quaranta reals, Juliol, Agost y Setembre, quaranta-un real, Octubre, Novembre y Decembre quaranta-dos reals.

En lo any 1645, en Janer, quaranta-dos reals, Febrer, quaranta-quatre reals, Mars, Abril, Maig, Juny, quaranta y sinch reals, Juliol y Agost quaranta-sis reals, Setembre, quaranta-vuyt reals, Octubre, Novembre y Decembre sinquanta reals.

En lo any 1646, en los mesos de Janer, Febrer, Mars, Abril y Maig, sinquanta reals, Juny, sinquanta-un real, Juliol,

Agost, finquanta-dos reals, Setembre, finquanta-finch reals, Octubre, Novembre y Decembre finquante-fis reals.

En lo any 1647, en los mefos de Janer, Febrer, Mars, Abril, Maig, Juny, Juliol, Agost, Setembre, Octubre, finquanta-fis reals, Novembre, finquanta-vuyt reals, Decembre fexanta reals.

En lo any 1648, en los mefos de Janer, Febrer, Mars, Abril, Maig, Juny y Juliol fexanta reals, Agost fexanta-dos reals, Setembre y Octubre fexanta-tres reals, Novembre y Decembre fexanta-fis reals.

En lo any 1649, en los mefos de Janer, Febrer y Mars, fetanta-finch reals, Abril fetanta-fis reals, Maig, Juny, Juliol, Agost y Setembre vuytanta reals, Octubre y Novembre vuytanta-dos reals, Decembre vuytanta-quatre reals.

En lo any 1650, en Janer vuytanta-quatre reals, Febrer vuytanta-finch reals, Mars vuytanta-fet reals, Abril fetanta-finch reals, Maig noranta finch reals, Juny y Juliol noranta-vuyt reals, Agost noranta-dos reals, Setembre noranta-quatre reals, Octubre noranta-fis reals, Novembre y Decembre cent reals.

En lo any 1651, Janer y Febrer cent y finch reals , Mars cent y deu reals , Abril cent y vuyt reals, Maig y Juny cent y trenta reals, Juliol, Agoſt, Setembre, Octubre, Novembre cent y vint reals, Decembre cent y trenta reals.

En lo any 1652 , Janer y Febrer cent finquanta reals, Mars, Abril y Maig, cent finquanta - finch reals, Juny, Juliol, Agoſt y Setembre cent fetanta reals, Octubre y Novembre, cent fexanta - finch reals , Decembre cent fetanta reals.

En lo any 1653, Janer y Febrer dos cents reals , Mars y Abril cent noranta reals, Maig, Juny, Juliol dos cents quaranta reals, Agoſt dos cents finquanta reals , Setembre dos cents fetanta - finch reals , Octubre , Novembre y Decembre tres cents reals.

En lo any 1654, Janer y Febrer dos cents noranta reals, Mars y Abril dos cents noranta - finch reals, Maig, Juny y Juliol tres cents reals, Agoſt, tres cents y finch reals, Setembre, Octubre, Novembre y Decembre tres cents vint reals.

En lo any 1655 , Janer tres cents vint reals, Febrer tres cents vint y finch reals, Mars tres cents trenta reals, Abril tres cents finquanta reals , Maig quatre cents reals , Juny quatre cents y vint reals.

Tot lo demunt dit fe enten fent lo compte de la dobla ab la moneda de Bello de fifens , ò , quartillos , que fent lo compte ab reals de plata, la dobla de or fe eftima, y tatxa en trenta dos reals de plata , de manera que de vuy en avant tant en Cathalunya , com en Roffello y Cerdanya, la dobla de or no fe puga pendrer, à manco valor ni donar à mayor valor de trentados reals de plata: ab fifens empero, ò quartillos fe puga pendrer y donnar al valor que correrà.